INVENTAIRE
G 18,080

ABRÉGÉ
DE L'HISTOIRE SAINTE
ET DE L'HISTOIRE DE FRANCE.

Les ouvrages suivants, par F. P. B., se trouvent aux mêmes adresses.

GÉOMÉTRIE PRATIQUE *appliquée au dessin linéaire.*

NOUVEAU TRAITÉ D'ARITHMÉTIQUE DÉCIMALE, *contenant plus de 2,000 problèmes.*

SOLUTIONS DES PROBLÈMES DE L'ARITHMÉTIQUE DÉCIMALE, *avec une Méthode pour l'extraction des racines de tous les degrés.*

DEVOIRS DU CHRÉTIEN ENVERS DIEU (Nouveau traité des).

CIVILITÉ CHRÉTIENNE, *revue et corrigée.*

HISTOIRE DE FRANCE, *précédée de l'Histoire sainte et suivie de notions sur les anciens et les nouveaux peuples.*

PRÉCIS DE L'HISTOIRE DE FRANCE.

GÉOGRAPHIE COMMERCIALE ET HISTORIQUE (Abrégé de).

GRAMMAIRE FRANÇAISE *à l'usage des écoles chrétiennes.*

EXERCICES ORTHOGRAPHIQUES *en rapport avec la Grammaire.*

DICTÉES, CORRIGÉ *des Exercices et Analyses grammaticales.*

MANUSCRIT AUTOGRAPHIÉ, in-12.

LE MÊME, *en caractères typographiques.*

SYSTÈME MÉTRIQUE DÉCIMAL DES POIDS ET MESURES *avec 450 problèmes gradués pour exercer les élèves.*

SOLUTIONS DES 450 PROBLÈMES *sur le système métrique.*

ABRÉGÉ
DE L'HISTOIRE SAINTE

ET

DE L'HISTOIRE DE FRANCE,

Tiré du Cours d'Histoire, par F. P. G.,

APPROUVÉ PAR L'UNIVERSITÉ.

A L'USAGE DES COMMENÇANTS.

CHEZ LES ÉDITEURS.

PARIS,	TOURS,
POUSSIELGUE-RUSAND,	MAME ET COMPAGNIE,
rue du Petit-Bourbon St-Sulpice, 8.	imprimeurs-libraires.

1848

Tout exemplaire qui ne sera pas revêtu des signatures ci-dessous, sera réputé contrefait.

B. Poussielgue-Rusand

A. Mame et C

PARIS, IMPRIMERIE DE POUSSIELGUE,
rue du Croissant, 12.

ABRÉGÉ
DE L'HISTOIRE SAINTE
DE
DE L'HISTOIRE DE FRANCE,

Tiré du Cours d'Histoire, par F. P. B.,

APPROUVÉ PAR L'UNIVERSITÉ.

A L'USAGE DES COMMENÇANTS.

HISTOIRE SAINTE.

LEÇON PRÉLIMINAIRE,

Qu'est-ce que l'histoire ?
L'histoire est le récit authentique des événements qui ont eu lieu depuis le commencement du monde.

Qu'est-ce qui a créé le monde et tout ce qu'il contient ?
C'est Dieu.

Comment savons-nous que c'est Dieu qui a créé le monde et tout ce qu'il contient ?
Par la révélation, c'est à dire par la connaissance que Dieu a bien voulu donner de lui-même et de ses œuvres à certains hommes qu'il a choisis.

Comment la connaissance que Dieu a donnée

1

de lui-même et de ses œuvres à ces hommes choisis est-elle parvenue jusqu'à nous?

Par les écrits qu'ils ont laissés et par la tradition.

Comment nomme-t-on les écrits que nous ont laissés les hommes inspirés?

On les nomme les saintes Ecritures ou la Bible.

Comment se divise la Bible ou Ecriture sainte?

En ancien et en nouveau Testament.

Que contient l'ancien Testament?

L'ancien Testament contient ce qui s'est passé de plus remarquable avant la venue de Jésus-Christ, touchant la religion révélée et les peuples qui la pratiquaient.

Que contient le nouveau Testament?

1° Les quatre Evangiles, c'est à dire la vie de notre Seigneur Jésus-Christ et les préceptes de sa morale divine; 2° les Actes des Apôtres; les Epîtres de plusieurs des Apôtres; 4° l'Apocalypse ou révélation de S. Jean.

Quel a été le premier écrivain sacré?

Moïse, qui vivait 1725 ans avant Jésus-Christ.

Comment peut-on diviser l'histoire de l'ancien Testament?

En huit époques principales; savoir, la première, de la création jusqu'au déluge; la seconde, depuis le déluge jusqu'à Abraham; la troisième, depuis Abraham jusqu'à Moïse; la quatrième, depuis Moïse jusqu'à l'établissement de la monarchie; la cinquième, depuis l'établissement de la monarchie jusqu'à sa division en deux royaumes; la sixième, depuis la division de la monarchie jusqu'à la captivité; la septième, depuis la captivité jusqu'à la persécution d'Antiochus et le gouvernement des Machabées; et la huitième comprend le gouvernement des Machabées jusqu'à l'avénement de Jésus-Christ.

PREMIÈRE ÉPOQUE.

Quels sont les faits les plus remarquables de la première époque?

La création; la chute de l'homme; la promesse du Rédempteur; la mort d'Abel; la pénitence et la mort de nos premiers parents; et enfin la perversité des hommes, suite de l'oubli de Dieu.

Comment Moïse rapporte-t-il la création du monde?

Moïse rapportant la création du monde s'exprime en ces termes : Au commencement, Dieu créa le ciel et la terre. Puis il ajoute : Or Dieu dit : Que la lumière soit faite, et la lumière fut faite. Dieu divisa ensuite la lumière des ténèbres, et donna à la lumière le nom de jour et aux ténèbres le nom de nuit. Et ce fut là le premier jour. Le second jour, Dieu créa le firmament; le troisième, il sépara la terre d'avec les eaux, et lui donna la fécondité; le quatrième, il créa le soleil, la lune et les étoiles; le cinquième jour, il créa les poissons et les oiseaux; le sixième, il fit les animaux terrestres, et termina l'ouvrage de la création par l'homme, qu'il créa à son image et à sa ressemblance.

De quoi Dieu forma-t-il le corps du premier homme?

De terre : c'est ce que signifie le nom d'Adam, qu'il lui donna.

Comment Dieu forma-t-il le corps d'Eve, qui fut la première femme?

Dieu forma le corps d'Eve d'une des côtes d'Adam.

En quoi l'homme est-il fait à l'image de Dieu?

L'homme est fait à l'image de Dieu, non par rapport au corps, mais par rapport à son âme, qui est immortelle et capable de connaître Dieu, de l'aimer et de le posséder éternellement.

Qu'est-ce que Dieu fit le septième jour?

Il se reposa, non d'un repos tel que notre faible intelligence peut le comprendre, mais seulement en cessant de former de nouvelles créatures.

Dans quel état nos premiers parents furent-ils créés?

Dans un état d'innocence et de sainteté; ils étaient libres, pouvant faire le bien et éviter le mal.

Nos premiers parents persévérèrent-ils dans cet état d'innocence et de sainteté?

Non, ils offensèrent Dieu par leur désobéissance.

Donnez-nous quelques détails sur la chute de nos premiers parents?

Dieu ayant créé nos premiers parents, les avait mis dans un lieu délicieux appelé le Paradis terrestre, où se trouvaient toutes sortes d'arbres portant des fruits; mais pour leur apprendre qu'ils lui devaient l'obéissance et la soumission, il leur défendit de manger du fruit d'un certain arbre, appelé l'arbre de la science du bien et du mal. Le démon, déchu de l'état heureux où il avait été créé avec les autres anges, prit la forme d'un serpent; et, s'approchant de la femme, il lui persuada que si elle mangeait de ce fruit elle serait semblable à Dieu et qu'elle connaîtrait le bien et le mal. Eve se laissa tromper, mangea de ce fruit, et engagea son mari dans sa désobéissance.

Comment Dieu punit-il la désobéissance de nos premiers parents?

Il condamna l'homme à manger son pain à la sueur de son visage et la femme à enfanter avec douleur, il les chassa l'un et l'autre du paradis terrestre; ensuite il maudit le serpent et lui annonça que de la femme naîtrait celui qui lui écraserait la tête.

Qu'est-ce que Dieu annonçait par cette prédiction?

La venue de Jésus-Christ, qui devait détruire la puissance du serpent.

Quels furent les premiers enfants d'Adam?

Caïn et Abel.

Que sait-on de Caïn et d'Abel?

Caïn cultivait la terre et Abel élevait des troupeaux; ils offraient à Dieu des sacrifices; mais comme Caïn était méchant, Dieu rejetait ses offrandes, tandis que les dons d'Abel lui étaient agréables. Caïn, s'apercevant de cette différence, se laissa dominer par la jalousie et s'emporta jusqu'à tuer son frère Abel.

Quelle fut la vie de nos premiers parents, après leur péché?

Ce fut une vie de peines et de chagrin; ils avaient sans cesse devant leurs yeux les suites funestes de leur faute pour eux et pour leurs descendants. Adam mourut à l'âge de neuf cent trente ans (avant Jésus-Christ. 4033).

Quel autre enfant Dieu avait-il donné à Adam, après la mort d'Abel?

Il lui avait donné Seth, qui fut la tige de la race sainte.

Quels furent les descendants directs de Seth jusqu'à Noé?

Enos, Caïnan, Malalael, Jared, Enoch, Mathusalem et Lamech, père de Noé.

Les descendants de Seth conservèrent-ils toujours la crainte de Dieu?

Les descendants de Seth ne conservèrent pas tous la crainte de Dieu; la plupart au contraire, s'étant alliés avec les descendants de Caïn, se livrèrent comme eux à toutes sortes de crimes.

Comment Dieu punit-il les hommes?

Par un déluge universel.

DEUXIÈME ÉPOQUE.

Quels sont les faits les plus remarquables de la deuxième époque.

Le déluge universel; la conservation de Noé et de sa famille par le moyen de l'arche; la conduite des enfants de Noé après le déluge, la tour de Babel, les nouveaux désordres des habitants de la terre et leur séparation après la confusion des langues.

Qu'entendez-vous par le déluge?

Le déluge fut une grande inondation qui couvrit toute la terre; l'eau monta au dessus des plus hautes montagnes, et fit périr tous les hommes, excepté Noé, sa femme, ses trois fils Sem, Cham et Japhet, et leurs femmes. Les animaux périrent aussi, excepté ceux que Noé avait fait entrer dans l'arche, pour en conserver l'espèce (3308).

Les hommes avaient-ils été menacés d'un tel châtiment ?

Oui, depuis longtemps Dieu les appelait à la pénitence par la voix de Noé, qui, cent ans avant le déluge, avait commencé à construire l'arche ; mais ils se moquèrent toujours et des menaces de Dieu et des avertissements de son serviteur.

Combien de temps dura le déluge ?

La pluie tomba pendant quarante jours et quarante nuits, et il fallut le reste de l'année pour que la terre redevînt habitable ; de sorte que Noé demeura un an dans l'arche.

Quelle fut la conduite des enfants de Noé, après le déluge ?

Sem et Japhet vécurent dans la crainte de Dieu, mais Cham, ayant oublié ses devoirs envers son père et envers Dieu, devint la tige d'une race maudite.

Les descendants de Sem et Japhet se conservèrent-ils longtemps dans la crainte de Dieu ?

Non, car ils tombèrent dans toutes sortes de crimes, et surtout dans l'orgueil et l'impureté.

Comment arriva la dispersion des hommes ?

Les hommes, se voyant en très grand nombre, résolurent de se séparer ; mais avant de se répandre sur la terre, ils voulurent s'illustrer aux yeux de la postérité. Ils entreprirent donc d'élever une tour dont le sommet devait s'élever jusqu'au ciel ; mais Dieu confondit tellement leur langage que, ne pouvant plus se comprendre, ils furent obligés de se séparer avant d'avoir achevé ce travail. On donna à cette tour le nom de *Babel*, qui, dans le langage hébreu, signifie confusion.

Quels sont les principaux personnages qui vécurent durant cette époque ?

Après Noé et ses enfants, les principaux personnages de cette seconde époque furent Héber, Phaleg. Saruch, Nachor, Tharé et Abraham, tous descendants de Sem. Ils furent presque les seuls qui conservèrent quelque connaissance de Dieu ; la plupart des autres peuples se livraient à une grossière idolâtrie.

TROISIÈME ÉPOQUE.

Quels sont les faits les plus remarquables de la troisième époque ?

Les principaux faits de la troisième époque sont : la vocation d'Abraham ; l'embrasement de Sodome et de Gomorrhe ; la promesse du Messie renouvelée à Abraham ; la naissance d'Isaac, de Jacob et de ses douze fils ; Joseph vendu et conduit en Egypte ; l'entrée des Hébreux en Egypte et leur sortie ; l'institution de la Pâque, le passage de la mer Rouge, et enfin la vie du saint homme Job.

Que fit le Seigneur voyant la perversité de la plupart des hommes ?

Il choisit Abraham pour être le père d'un peuple particulier ; il lui ordonna la circoncision, et lui promit que le Messie sortirait de sa race.

Faites connaître les principales actions d'Abraham ?

Abraham, ayant reçu de Dieu l'ordre de quitter la Mésopotamie où il était né, alla habiter la terre de Chanaan avec Sara, son épouse, et Loth, son neveu ; mais bientôt la famine l'obligea de passer en Egypte. Lorsqu'il fut de retour dans la terre de Chanaan, Loth se sépara de lui et se retira à Sodome, où il fut fait prisonnier par les Elamites. — Abraham ayant appris cette nouvelle arma ses serviteurs, poursuivit les vainqueurs, et délivra son neveu. Peu après des anges lui apparurent, et lui annoncèrent que Sodome allait être détruite. Ce saint homme implora la clémence divine pour cette ville coupable, et il aurait obtenu sa grâce s'il s'y était trouvé dix justes.

Loth périt-il avec les autres habitants de Sodome?

Non, car le Seigneur, ne voulant pas confondre l'innocent avec le coupable, envoya deux anges pour l'avertir de quitter promptement cette ville avec sa famille. A peine furent-ils sortis que le feu du ciel consuma Sodome avec cinq autres villes qui avaient imité ses déréglements. La femme de Loth s'étant retournée pour regarder en arrière, malgré la défense qui en avait été faite par l'ange, elle fut à l'instant changée en une statue de sel.

Abraham avait-il des enfants?

Abraham n'avait pas encore d'enfants; mais Agar, son esclave, qu'il avait épousée suivant l'usage de ce temps, lui donna Ismaël, et quelques années après il eût de Sara, son épouse, un autre fils qu'il nomma Isaac.

A quelle épreuve Dieu mit-il l'obéissance d'Abraham?

Dieu ordonna à Abraham de lui immoler son fils Isaac. Le saint homme se mit en devoir d'obéir, et déjà son bras était levé lorsque l'ange l'arrêta et l'assura que Dieu était content de son obéissance.

Comment le mariage d'Isaac fut-il célébré?

Abraham sentant sa fin approcher, envoya Éliézer en Mésopotamie chercher une épouse à Isaac. Ce fidèle serviteur s'étant rendu chez Bathuel, neveu d'Abraham, reconnut, par inspiration divine, que Rébecca, sa fille, devait être l'épouse de son jeune maître, et la lui amena ; le mariage fut contracté en présence d'Abraham. Peu après, le saint patriarche finit ses jours, à l'âge de cent soixante-quinze ans (2192).

Combien Isaac eut-il d'enfants?

Deux. Esaü et Jacob ; ils étaient jumeaux.

Que sait-on de Jacob et d'Esaü?

Jacob, dès son enfance, fut d'un caractère doux et paisible ; Esaü, au contraire, était fier et hautain. Revenant un jour de la chasse, accablé de lassitude, il vendit à Jacob son droit d'aînesse pour un plat de lentilles que celui-ci avaient apprêtées.

Plus tard, Jacob obtint, par les soins de sa mère, la bénédiction d'Isaac, et fut déclaré héritier de tous ses biens. Esaü, se voyant ainsi frustré, conçut une haine implacable contre son frère, ce qui obligea Jacob à se retirer dans la Mésopotamie, chez Laban, frère de Rébecca, qui, dans la suite, lui donna en mariage ses deux filles, Rachel et Lia.

Combien de temps Jacob resta-t-il en Mésopotamie?

Après avoir passé vingt ans en Mésopotamie, Jacob prit la résolution de retourner secrètement vers son père qui vivait encore. Laban, informé du départ de son gendre et de ses filles, se mit à leur poursuite ; mais Dieu lui ayant apparu lui défendit de faire aucun mal à Jacob. Laban se contenta de faire à ce dernier quelques reproches, et lui laissa continuer son voyage.

Que fit Esaü apprenant que Jacob revenait?

Esaü, apprenant que Jacob revenait, alla au devant de lui, accompagné de quatre cents hommes. Cette nouvelle causa à Jacob une grande frayeur; mais un ange l'assura que son frère ne lui ferait aucun mal. Il lui donna en même temps le nom d'Israël, qui est devenu si célèbre.

Comment Esaü traita-t-il Jacob, son frère?

Esaü, voyant son frère se prosterner sept fois devant lui, l'embrassa tendrement, et la réconciliation fut sincère.

Jacob eut-il la consolation de revoir son père Isaac?

Oui, et il put, avec son frère Esaü, lui rendre les derniers devoirs (2086).

Combien Jacob eut-il d'enfants?

Jacob eut douze fils, qui furent les chefs des douze tribus d'Israel; voici leurs noms: Ruben, Siméon, Lévi, Juda, Issachar, Zabulon, Dan, Nephtali, Gad, Aser, Joseph et Benjamin; il eut aussi une fille nommée Dina.

Quels ont été les plus célèbres de ces patriarches?

Les plus célèbres des enfants de Jacob furent:

1° Juda; sa tribu donna des rois à la postérité de Jacob et le Sauveur à toutes les nations.

2° Lévi; sa tribu fut consacrée au service des autels.

3° Joseph, dont la vie fut pleine d'événements extraordinaires et qui offrit la figure vivante du Messie.

Que sait-on de Joseph, fils de Jacob?

Il se distingua de bonne heure par sa piété et par sa sagesse; divers songes qui annonçaient sa future grandeur excitèrent contre lui la jalousie de ses frères. Jacob l'ayant un jour envoyé aux champs, vers eux, lorsqu'ils gardaient les troupeaux, ces hommes méchants pensèrent d'abord à le tuer, puis ils prirent le parti de le vendre à des marchands ismaélites, qui le conduisirent en Egypte. Les frères de Joseph, pour cacher leur crime, trempèrent sa robe dans le sang d'un chevreau, et l'envoyèrent à leur père afin qu'il crût qu'une bête féroce avait dévoré Joseph.

Quel fut le sort de Joseph arrivé en Egypte?

Joseph, arrivé en Egypte, fut vendu à Putiphar. La sagesse de sa conduite lui mérita bientôt la confiance de son maître, qui le mit à la tête de tous les serviteurs de sa maison. Mais pendant que cet homme puissant honorait ainsi Joseph, sa femme l'accusa d'un crime qu'il n'avait pas voulu commettre, et le fit jeter dans une des prisons du roi.

Comment Joseph fut-il délivré de cette prison?

Deux officiers de Pharaon, qui se trouvèrent avec lui dans cette prison, ayant eu chacun un songe qui présageait ce qui devait leur arriver, Joseph le leur expliqua, disant à l'un qu'il serait pendu et à l'autre que le roi le rétablirait dans ses fonctions; ce qui arriva en effet. Deux ans après, Pharaon eut aussi un songe; il lui sembla voir sept vaches fort maigres qui en dévorèrent sept autres fort grasses, et sept épis sans grains qui en dévorèrent sept autres bien pleins. Personne ne pouvant expliquer ces songes, l'officier auquel

Joseph avait annoncé sa délivrance se souvint de lui, et en parla à Pharaon. Joseph fut amené devant le roi, et lui dit que ses songes annonçaient sept années d'abondance, qui seraient suivies de sept autres extrêmement stériles, et que pour prévenir les malheurs de la famine il fallait, pendant les années d'abondance, ramasser tout le blé qu'on pourrait réserver et le garder dans les greniers publics, afin de pouvoir le vendre pendant la disette. Pharaon, charmé de la sagesse de ce jeune esclave, l'établit son ministre, le chargea d'exécuter ce qu'il venait de lui dire, ordonnant à tous ses sujets de lui obéir.

La famine ayant affligé plus tard la terre de Chanaan, et Jacob apprenant qu'on vendait du blé en Egypte, y envoya ses enfants pour en acheter; mais il retint auprès de lui Benjamin, qui était fort jeune. Joseph reconnut bientôt ses frères; mais il feignit de les prendre pour des espions. Ils se défendirent de cette inculpation, en l'assurant qu'ils étaient tous fils d'un même père, et que ce respectable vieillard était en Chanaan avec le plus jeune de ses fils. Joseph voulut bien se contenter de cette déclaration, et ayant ordonné qu'on remplît leurs sacs de blé et qu'on y mît à leur insu l'argent qu'ils avaient apporté, il les envoya chercher leur jeune frère; il retint cependant Siméon en otage.

Jacob eut bien de la peine à laisser partir Benjamin; mais la famine l'y contraignit.

Que fit Joseph voyant son frère Benjamin?

Joseph voyant Benjamin, fils de Rachel comme lui, il ne put retenir ses larmes et fut obligé de se retirer. Par son ordre, on remplit de nouveau les sacs des voyageurs, et l'on mit la coupe de Joseph dans celui de Benjamin. A peine étaient-ils partis que Joseph les fit arrêter en les accusant d'avoir volé sa coupe. On fouilla dans les sacs, et la coupe fut trouvée dans celui de Benjamin. Consternés à cette vue, les fils de Jacob versent un torrent de larmes, et consentent tous à rester en prison à la place de Benjamin, ajoutant que leur père ne pourrait survivre à la perte de cet enfant chéri. Alors Joseph, ne pouvant plus retenir ses larmes, s'écria d'une voix forte : Je suis Joseph! mon père vit-il encore? Et se jetant au cou de Benjamin, il l'embrassa tendrement. — Après un festin magnifique que Joseph donna à ses frères, il leur dit d'aller chercher leur père.

Que fit Jacob apprenant que Joseph vivait encore?

Jacob, apprenant que Joseph vivait encore, se rendit en Egypte. Lorsqu'il y fut arrivé, Pharaon lui donna la terre de Gessen, où il demeura avec sa famille. Jacob, se sentant près de mourir, fit venir ses enfants, les bénit, ainsi qu'Ephraïm et Manassé, fils de Joseph, qu'il avait adoptés ; il rendit ensuite le dernier soupir au milieu de tous ses enfants (2059).

Joseph gouverna-t-il longtemps l'Egypte?

Joseph continua de gouverner l'Egypte jusqu'à sa mort. Jamais homme ne présenta une image plus frappante du Messie : méprisé et vendu par les siens, accusé et condamné injustement dans son exil, il ne songea dans son élévation qu'à rendre heureux ceux qui l'avaient offensé.

Comment les descendants de Jacob vécurent-ils en Egypte après la mort de Joseph ?

Après la mort de Joseph les Egyptiens, oubliant ce qu'ils lui devaient, opprimèrent les Israélites ; ils entreprirent même de les détruire entièrement, condamnant à mort leurs enfants mâles en les faisant jeter dans le Nil.

De qui Dieu se servit-il pour délivrer son peuple de la servitude des Egyptiens ?

De Moïse.

Que sait-on de Moïse ?

Les parents de Moïse, Amram et Jocabel, le cachèrent d'abord ; mais, désespérant de pouvoir le soustraire aux recherches des envoyés du roi, ils le placèrent dans un berceau, sur les bords du Nil. La fille de Pharaon l'ayant aperçu le fit prendre par ses servantes, et résolut de le sauver. Marie, sœur de Moïse, qui regardait ce qui se passait, s'approcha, et proposa à la princesse de lui amener une nourrice pour élever cet enfant ; ce qu'elle agréa. Marie alla promptement chercher sa propre mère (1725).

Lorsque Moïse fut grand, sa mère le porta à la fille de Pharaon, qui l'adopta et le fit instruire dans toutes les sciences connues des Egyptiens.

Que fit Moïse à l'âge de quarante ans ?

Moïse, ayant quarante ans, quitta le palais du roi pour aller rejoindre ses frères opprimés ; mais, obligé de fuir la colère de Pharaon, il se réfugia dans le pays de Madian, où Jéthro, descendant d'Abraham, lui donna l'hospitalité, et lui confia la garde de ses troupeaux ; peu après il lui donna en mariage sa fille Séphora.

Q'arriva-t-il à Moïse quarante ans après sa retraite chez Jéthro ?

Quarante ans après la retraite de Moïse chez Jéthro, le Seigneur lui apparut dans un buisson ardent, et lui ordonna de retourner en Egypte, de se présenter devant Pharaon, et de lui demander la permission de conduire le peuple hébreux hors de l'Egypte ; mais Pharaon se moqua de Moïse et du Seigneur qui l'envoyait. Pour vaincre la dureté de son cœur, Moïse opéra divers prodiges qu'on nomma *les dix plaies d'Egypte*. Les eaux furent changées en sang, l'Egypte fut couverte de grenouilles, puis de moucherons, et ensuite de mouches ; la peste enleva presque tous les animaux ; les hommes furent affligés, à leur tour, par de douloureux ulcères ; la grêle dévasta toutes les moissons, et des sauterelles ravagèrent tout ce qui restait de verdure ; enfin des ténèbres épaisses couvrirent toutes les contrées de l'Egypte. Ces plaies n'atteignaient point les Israélites, mais elles épouvantaient les Egyptiens et surtout Pharaon, qui promettait tout pour en être délivré ; mais il changeait de sentiment aussitôt après.

Qu'est-ce que Dieu ordonna à Moïse, avant la dixième plaie ?

De manger un agneau dans chaque famille, d'emprunter pour ce repas tous les vases d'or et d'argent qu'ils pourraient trouver chez les Egyptiens, et de teindre du sang de l'agneau la porte de toutes les maisons habitées par les Hébreux. Ce repas fut appelé *Pâque*.

Qu'arriva-t-il la nuit même de ce repas ?

L'ange du Seigneur immola tous les premiers nés des Egyptiens. Cette plaie répandit ainsi le deuil et l'épouvante dans tous les cœurs, et Pharaon, encore plus effrayé que ses sujets, accorda à Moïse la permission d'emmener son peuple dans le désert.

Que fit ensuite Pharaon, revenu de sa frayeur?

Il poursuivit le peuple de Dieu avec une armée de deux cent cinquante mille hommes; mais il périrent tous dans les eaux de la mer Rouge, que les Hébreux, par un prodige extraordinaire, avaient passée à pied sec. C'est ainsi que ce peuple fut délivré des mains de Pharaon (1618).

Pendant que les enfants de Jacob étaient en Egypte, les autres descendants d'Abraham conservaient-ils la connaissance de Dieu?

L'Ecriture en cite plusieurs, et spécialement Job et ses amis.

Que sait-on de Job?

Job, descendant d'Esaü, avait conservé une vertu sans tache au milieu des richesses qu'il possédait. Le démon, jaloux de sa vertu, osa l'accuser de ne servir le Seigneur que par intérêt, et dit que, s'il lui était permis de l'éprouver, on verrait bientôt que cette piété n'était qu'apparente. Dieu lui permit de l'affliger dans ses biens, puis dans son corps, et, en peu de jours, ce saint homme perdit ses biens, ses enfants et tout ce qu'il possédait; son corps fut couvert d'horribles ulcères, et il se vit réduit à se coucher sur un dégoûtant fumier. Sa femme seule lui restait, non pour le soulager et le consoler, mais pour le porter au blasphème. Mais rien ne put l'ébranler: *Le Seigneur m'avait tout donné*, disait-il sans cesse, *il m'a tout ôté; que son saint nom soit béni.*

Après ces terribles épreuves, Job fut récompensé de sa vertu ; le Seigneur lui donna d'autres enfants, et des biens en plus grande abondance.

QUATRIÈME ÉPOQUE.

Quels sont les événements les plus remarquables de la quatrième époque ?

Les événements les plus remarquables de la quatrième époque sont : l'entrée des Hébreux dans le désert ; les divers prodiges que Dieu opéra en leur faveur ; la défaite des Amalécites et des Moabites ; la promulgation de la loi ; la construction de l'arche et du tabernacle ; la consécration d'Aaron et de ses enfants pour le service des autels ; l'institution des sacrifices et des fêtes ; les châtiments infligés à un grand nombre de coupables ; la mort de Moïse ; le passage du Jourdain ; l'entrée dans la terre sainte ; le gouvernement des juges, etc., etc.

Quelle fut la conduite des Hébreux après leur sortie de l'Egypte ?

A peine eurent-ils consumé les provisions qu'ils avaient apportées, qu'ils commencèrent à murmurer contre le Seigneur ; ils voulaient même lapider Moïse et retourner en Egypte.

Quelles preuves de bonté Dieu leur donna-t-il ?

Il leur envoya des cailles en abondance, puis il fit tomber du ciel la manne pour être leur nourriture, et fit sortir de l'eau d'un rocher ; une nuée les accompagnait sans cesse, les éclairant pendant la nuit et les préservant, pendant le jour, des ardeurs du soleil.

Comment la loi fut-elle donnée au peuple d'Israel ?

Les Israélites, grâce aux prières que Moïse

adressa au Seigneur, ayant vaincu les Amalécites qui étaient venus les attaquer, arrivèrent auprès du mont Sinaï. Le Seigneur descendit sur cette montagne, au milieu des tonnerres et des éclairs, et une voix prononça distinctement les dix commandements.

1° Je suis le Seigneur votre Dieu qui vous ai tirés de la terre d'Egypte; vous n'aurez point d'autre Dieu que moi;

2° Vous ne prendrez pas en vain le nom du Seigneur votre Dieu;

3° Souvenez-vous de sanctifier le jour du sabbat;

4° Honorez votre père et votre mère, et vous vivrez longuement;

5° Vous ne tuerez point;

6 Vous ne commettrez point d'adultère;

7° Vous ne déroberez point;

8° Vous ne porterez point de faux témoignage contre votre prochain;

9° Vous ne désirerez point la femme de votre prochain;

10. Vous ne désirerez point sa maison, ni son serviteur, ni sa servante, ni son bœuf, ni son âne, ni rien de ce qui est à lui.

Peu après Moïse fut appelé sur la montagne, et au bout de quarante jours Dieu lui donna ces dix commandements écrits sur deux tables de pierre.

Que firent les Hébreux voyant que Moïse tardait tant à revenir?

Ils forcèrent Aaron de fondre un veau d'or qu'ils adorèrent.

Que fit Moïse, témoin de la prévarication de son peuple?

Il brisa les tables de la loi, pensant qu'il

était inutile de les présenter à un peuple aussi méchant; puis il appela les enfants de Lévi, et leur ordonna de punir les idolâtres; trente mille furent tués.

Dieu pardonna-t-il à son peuple une si grande prévarication?

Oui, et ayant encore appelé Moïse sur la montagne, il lui donna de nouveau la loi sainte ainsi que le plan de l'Arche d'alliance et du tabernacle, qui renfermait les diverses choses nécessaires au culte divin, et lui ordonna de consacrer Aaron et ses enfants pour le service des sacrifices.

Après tant de preuves de bonté et de protection de la part de Dieu, les Hébreux lui furent-ils fidèles?

Ils murmurèrent de nouveau, et voulurent encore lapider Moïse; mais Dieu prenant sa défense envoya des serpents brûlants, qui firent périr un grand nombre d'Israélites coupables.

Les autres, s'étant repentis, furent guéris à la vue d'un serpent d'airain que Moïse avait fait placer à la vue du peuple.

Plus tard, Coré, Dathan et Abiron voulurent usurper la dignité d'Aaron; mais ils furent engloutis tout vivants dans la terre qui s'entr'ouvrit sous leurs pieds, et avec eux périt une multitude de leurs partisans.

Par quels exemples de sévérité Dieu fit-il connaître qu'il voulait que sa loi fût fidèlement observée?

Nadab et Abiu, enfants d'Aaron, ayant laissé éteindre le feu qui devait toujours brûler devant l'Arche, furent frappés de mort dans le tabernacle même. Un homme ayant blasphémé le saint nom de Dieu, fut lapidé par ordre du Seigneur. Un autre subit le même supplice pour avoir ramassé un peu de bois le jour du sabbat.

Que fit Moïse se croyant sur le point d'entrer dans la terre promise?

Il y envoya douze hommes afin de reconnaître ce pays.

Ces douze envoyés firent-ils un rapport fidèle sur ce qu'ils avaient vu?

Caleb et Josué seuls parlèrent sincèrement; les dix autres se plurent à exagérer les difficultés qu'il faudrait surmonter pour se rendre maître du pays. A ce récit le peuple s'emporta de nouveau contre le Seigneur et contre Moïse.

Comment Dieu punit-il cette nouvelle révolte?

Il condamna ce peuple infidèle à errer pendant quarante ans dans ce désert, et déclara qu'aucun de ceux qui avaient plus de vingt ans au sortir de l'Egypte n'entrerait dans la terre promise; Josué et Caleb furent seuls exceptés.

Moïse n'entra donc pas non plus dans la terre promise?

Non; et cela pour le punir de ce que, dans un moment de douleur et de découragement, il avait hésité à croire que Dieu voudrait faire sortir de l'eau d'un rocher pour désaltérer un peuple aussi méchant.

En quel endroit Moïse mourut-il?

Sur la montagne de Nebo, d'où Dieu lui montra la terre promise; il était âgé de cent vingt ans. (1605)

Dieu abandonna-t-il entièrement le peuple hébreu dans ce désert?

Non, car la manne continua de tomber du

ciel, l'eau du rocher ne tarit point, et la colonne les accompagnait dans tous leurs campements; leurs habits et leurs chaussures ne s'usaient point.

Quel fut le chef du peuple dans ce désert après la mort de Moïse?

Ce fut Josué, son fidèle coopérateur et le confident de ses peines. Il introduisit le peuple dans la terre promise.

Quels prodiges Dieu opéra-t-il en faveur de son peuple, à son entrée dans la terre promise?

Les eaux du Jourdain se divisèrent comme autrefois celles de la mer Rouge, et les Hébreux passèrent ce fleuve à pied sec; les murs de Jéricho furent renversés à la prière du peuple et au seul retentissement des trompettes. Cinq rois s'étant ligués contre les Gabaonites pour les punir de ce qu'ils avaient fait alliance avec le peuple de Dieu, Josué livra bataille à ces ennemis communs et les défit. Ce fut à cette occasion que le soleil s'arrêta, sur l'ordre de Josué, pour qu'il eût le temps de remporter une victoire complète.

Comment le pays fut-il partagé?

Le partage fut fait entre les douze tribus d'Israël : les tribus d'Ephraïm et de Manassé, enfants de Joseph, reçurent leurs parts comme les autres; celle de Lévi, toute consacrée au culte divin, n'eut pas de terres en partage, mais seulement quelques villes pour sa demeure avec la dîme et les prémices de ce que produisait la terre pour sa subsistance.

Où l'arche fut-elle déposée?

L'arche d'alliance fut d'abord déposée à Silo, l'une des villes accordées à la tribu de Lévi.

Que fit Josué se sentant près de mourir?

Il assembla les douze tribus, leur rappela les bienfaits du Seigneur, et les exhorta à ne jamais abandonner son saint culte. Il mourut ensuite âgé de cent dix ans (1580).

Quelle fut la conduite du peuple hébreu après la mort de Josué?

Après la mort de Josué, le peuple, gouverné par les anciens, tomba dans toutes sortes de déréglements. Pour punir ces désordres, le Seigneur les livra à Chusan, roi de Mésopotamie, qui réduisit le pays en servitude. Ce malheur ayant fait rentrer le peuple en lui-même, le Seigneur suscita Othoniel, qui défit les ennemis, et gouverna le peuple avec le titre de juge pendant quarante ans.

De nouveaux crimes attirèrent de nouveaux malheurs : Eglon, roi de Moab, vainquit les Israélites et les assujettit à sa domination. Ils ne furent délivrés de cette servitude que dix-huit ans après, par Aod, leur second juge.

Les Hébreux profitèrent-ils de ces châtiments?

Non; ils retombèrent presque aussitôt dans l'idolâtrie.

De qui Dieu se servit-il pour les punir de ces nouveaux crimes?

De Jabin, roi de Chanaan; et ils furent réduits pour la troisième fois en servitude.

Les Juifs gémissaient depuis vingt ans sous le joug de ce prince, lorsque la prophétesse Débora fut choisie de Dieu pour leur rendre la liberté : Barac, qu'elle avait choisi pour général des troupes d'Israel, marcha contre les Chananéens et les tailla en pièces.

Malgré ce nouveau bienfait les Israélites se livrèrent de nouveau à l'idolâtrie; Dieu les abandonna cette fois à la tyrannie des Madianites, qui pendant sept ans vinrent piller leurs moissons et les réduisirent à une affreuse disette. Une telle calamité fit rentrer le peuple en lui-même, il reconnut son péché, et Dieu lui envoya Gédéon pour le délivrer.

Le combat que Gédéon livra aux Madianites n'eut-il pas quelque chose de remarquable?

Gédéon, qui avait trente mille hommes à sa suite, fit annoncer de la part de Dieu que les lâches et les timides pouvaient se retirer, et il ne lui resta que dix mille guerriers. Ce nombre étant encore trop considérable aux yeux du Seigneur, Gédéon eut ordre de ne mener au combat que ceux qui, en passant le torrent, ne prendraient de l'eau que dans le creux de la main; et il n'y en eut que trois cents.

Comment Gédéon arma-t-il ces trois cents hommes?

Il leur donna à chacun une trompette et un vase de terre dans lequel était une lampe allumée; il pénétra avec eux, pendant la nuit, dans le camp des Madianites, et tous, à un signal donné, sonnèrent de la trompette et brisèrent les vases de terre. L'apparition de tant de lumières et un si grand bruit de trompettes ayant jeté l'alarme parmi les Madianites, ils s'entretuèrent presque tous sans se reconnaître.

Les Hébreux reconnaissants offrirent la couronne royale à leur libérateur, mais il la refusa. Après sa mort son fils Abimélech, ayant fait massacrer tous ses frères, se fit proclamer roi par les habitants de Sichem; il les accabla ensuite sous le poids de la plus dure tyrannie. Une révolte éclata, et il périt en faisant la guerre à ceux qui lui avaient donné la couronne.

Le peuple hébreu fut-il fidèle à Dieu après la mort de Gédéon ?

Non, car il revint bientôt à l'idolâtrie et à tous les désordres qui en étaient la suite ordinaire.

En punition de ces nouveaux crimes, ce peuple ingrat fut livré à la domination du roi des Ammonites, qui l'asservit pendant dix-huit ans et le réduisit à la plus grande misère.

De qui Dieu se servit-il pour délivrer son peuple de la tyrannie des Ammonites ?

De Jephté, qui remporta sur eux une éclatante victoire.

Quelle promesse indiscrète Jephté fit-il à Dieu, s'il lui donnait la victoire ?

De lui immoler celui qui sortirait le premier pour venir à sa rencontre lorsqu'il rentrerait dans sa maison ; malheureusement ce fut sa fille unique.

La victoire de Jephté rendit-elle les Hébreux plus fidèles à la voix du Seigneur ?

Oui, pendant quelque temps ; mais ils oublièrent de nouveau leurs devoirs, et retournèrent à l'idolâtrie.

Dieu les livra encore à leurs ennemis sous la judicature des successeurs de Jephté ; les Philistins surtout leur firent de cruelles guerres.

Quel homme extraordinaire Dieu suscita-t-il d'entre ces juges contre les Philistins ?

Samson.

Que sait-on de Samson ?

La naissance de Samson fut annoncée à ses parents par un ange, qui leur apprit en même temps qu'on ne devait jamais couper les cheveux à cet enfant et qu'il ne devait boire aucune liqueur enivrante. Il devint le plus fort de tous les hommes. A dix-huit ans, il étouffa un lion dans ses bras ; peu après, il tua mille Philistins avec une mâchoire d'âne. Ayant voulu venger sur tous les Philistins une offense qu'il avait reçue de l'un d'entre eux, il attacha des torches enflammées à la queue de trois cents renards, et les lâcha dans les blés, ce qui causa une perte immense dans tout le pays. Se trouvant un jour dans la ville de Gaza et apprenant que les Philistins cherchaient à l'arrêter, il alla prendre les portes de la ville, les arracha avec leurs ferrures, les mit sur ses épaules, et les porta jusque sur la montagne voisine, en passant au milieu de ses ennemis.

Les Philistins, ne sachant plus comment se défaire d'un homme qui leur faisait plus de mal qu'une armée entière, promirent une récompense à une femme de leur nation, nommée Dalila, si elle pouvait leur apprendre le secret d'une force si extraordinaire. Après beaucoup d'instances, elle parvint à savoir que la force de Samson était dans sa chevelure. Alors, profitant de son sommeil, elle lui coupa les cheveux et le livra aux Philistins, qui lui crevèrent les yeux et le condamnèrent à tourner la meule. Ses forces lui revinrent peu à peu, et comme en un jour de fête les Philistins le firent venir devant eux afin d'insulter à ses maux, il demanda à être conduit près d'une colonne qui soutenait tout l'édifice, et, se regardant encore comme chargé de défendre sa patrie, il invoqua le Seigneur, et d'un bras vigoureux il ébranla cette colonne, et renversa tout l'édifice. Trois mille Philistins périrent avec lui.

Quel fut le successeur de Samson?

Ce fut Héli. Ce nouveau juge, qui était en même temps grand-prêtre, se rendit recommandable par sa piété; mais ses deux fils, Ophni et Phinée, profitant de sa trop grande bonté, devinrent le scandale de la nation, et attirèrent sur leur famille et sur tout le peuple les vengeances célestes.

Pour les punir, Dieu se servit encore des Philistins, qui ayant attaqué les Hébreux en firent un grand carnage, prirent l'Arche, qui avait été portée au camp, et la mirent dans le temple de Dagon, leur idole.

Les Philistins gardèrent-ils longtemps l'Arche d'alliance?

Non; car le pays se trouvant affligé de toutes sortes de maux, et les principaux de la nation, comprenant que c'était une punition du ciel, renvoyèrent l'Arche en Judée.

Qui est-ce qui gouverna le peuple après Héli?

Ce fut Samuel. Ce saint prophète avait été consacré à Dieu dès son enfance par Anne, sa mère, et il marcha toujours en la présence du Seigneur. Le peuple fut heureux sous son administration, et ses ennemis furent humiliés; mais la vieillesse du saint homme mit fin à tant de prospérités, car ses enfants Jaël et Abia, qui gouvernaient sous ses ordres, ne lui ressemblèrent en rien; le peuple ne voulut pas les avoir pour juges, et demanda un roi.

Samuel fut affligé de cette demande; mais le Seigneur lui ordonna de contenter ce peuple, et il obéit.

Quels sont les principaux traits de l'histoire de Ruth?

Elimelech, voulant échapper à la disette qui désolait le pays d'Israel, se retira chez les Moabites avec Noémi, sa femme, et ses deux fils.

Le père et les deux fils étant morts, Noémi fit connaître à ses belles-filles qu'elle était résolue de rentrer en Israel, et les engagea à retourner chez leurs parents.

Orpha, lui ayant fait ses derniers adieux, se sépara d'elle ; mais Ruth ne voulut jamais abandonner sa belle-mère : Ne me parlez plus de vous quitter, lui dit-elle ; j'irai où vous irez ; votre Dieu sera mon Dieu, votre peuple sera mon peuple, et la mort seule me séparera de vous. Elle fut bientôt récompensée de ce généreux attachement ; Booz, homme riche et vertueux, l'épousa, et elle eut un fils nommé Obed, qui fut le père d'Isaï ou Jessé, aïeul de David.

CINQUIÈME ÉPOQUE.

Quels sont les principaux événements de la cinquième époque?

L'établissement de la monarchie ; le sacre de Saül ; la mort de Goliath ; le règne de David ; la révolte d'Absalon ; le règne de Salomon ; la construction et la dédicace du temple ; la chute de Salomon, etc.

Quel fut le premier roi des Juifs?

Ce fut Saül.

Comment Saül fut il reconnu roi?

Cis, homme riche et puissant, ayant perdu ses ânesses, envoya Saül, son fils, pour les chercher. Le Seigneur, qui appelait ce jeune homme à une grande destinée, le conduisit chez Samuel; le prophète le logea dans sa maison, et, après plusieurs avis qu'il lui donna, il répandit de l'huile sur sa tête, et par cette onction le déclara roi d'Israel. Le lendemain il le présenta au peuple assemblé à Masphat.

Comment Saül signala-t-il son avénement au trône?

Par une glorieuse victoire qu'il remporta sur les Ammonites. Il tourna ensuite ses armes contre les Philistins; mais il commit deux fautes graves, la première fut de commencer le combat contre l'ordre de Dieu, avant l'arrivée de Samuel; et la seconde d'avoir mis lui-même la main à l'encensoir pour offrir le sacrifice, ce qui n'était permis qu'aux prêtres. Le Seigneur le punit de sa témérité : ses troupes se débandèrent, et il était sur le point de s'en retourner honteusement, si Jonathas, son fils, n'eût pénétré, pendant la nuit, dans le camp des Philistins, et n'y eût jeté le désordre et la terreur.

Saül ne se rendit-il pas encore coupable de quelque désobéissance?

Ayant livré bataille aux Amalécites, il conserva les troupeaux pour les offrir en sacrifices, et épargna le roi Agag, contre la défense de Dieu.

Comment Dieu le punit-il de cette double désobéissance?

Il lui envoya Samuel pour lui annoncer qu'il le rejetait, et qu'il transférait la couronne à une autre famille. Le roi avoua qu'il avait péché; mais comme son regret n'était fondé que

2*

sur des motifs humains, le Seigneur le rejeta, et la sentence reçut son exécution.

Qui est-ce que Dieu choisit pour succéder à Saül?

Le jeune David, de Bethléem, qui jusque là avait été occupé à la garde des troupeaux.

Quels furent les premiers exploits de David?

Le roi Saül, rejeté de Dieu, tomba dans une mélancolie qu'aucun remède ne pouvait soulager. On essaya de le distraire par les charmes de la musique ; pour cela on choisit les meilleurs joueurs d'instruments qu'on put trouver dans tout Israel ; David fut de ce nombre, et il plut tellement à Saül qu'il le fit son écuyer. Se trouvant à l'armée près du roi, au moment où le géant Goliath venait défier tous les soldats d'Israel, il s'offrit à le combattre, et promit de le terrasser. Ayant obtenu la permission de l'attaquer, il s'avance vers lui, armé de sa fronde et d'un simple bâton ; il lance une pierre qui frappe le géant au front, et l'étend par terre ; puis, courant vers lui, il saisit sa lourde épée, et lui coupe la tête, qu'il apporte à Saül. Les Philistins effrayés prennent la fuite, et tout Israel chante les louanges du jeune héros. Jonathas lui jura une amitié éternelle, mais Saül conçut contre David une telle jalousie qu'il ne pouvait le souffrir, et dès lors il prit la résolution de l'exposer à toutes sortes de dangers dans l'espérance de le voir enfin succomber ; il essaya même deux fois de le percer de sa lance, lorsque, dans ses accès, il le faisait venir devant lui pour jouer de la harpe.

Cependant David se conduisait avec tant de prudence que le roi ne put s'empêcher de lui faire épouser sa fille Michol, qu'il lui avait promise ; mais la confiance que tout le monde témoignait à David l'irrita de nouveau contre lui, et il tenta encore de lui ôter la vie.

Que fit David pour échapper au danger ?

Pour échapper à une mort presque inévitable, David alla se cacher chez le grand-prêtre Achimélech, ce que Saül ayant su, il fit massacrer ce pontife et avec lui quatre-vingt-cinq prêtres du Seigneur.

Où David se retira-t-il après la mort d'Achimélech ?

Il se retira dans le désert ; mais, ayant été poursuivi par Saül, il passa dans les terres d'Achis, roi de Geth, qui lui donna la ville de Siceleg.

Quel fut la fin de Saül ?

Saül fut défait par les Philistins. Ce malheureux prince, se voyant sur le point d'être arrêté, se laissa tomber sur la pointe de son épée, et finit ainsi un règne dont les commencements avaient été si riches en espérances, mais qu'il rendit malheureux par sa désobéissance et par son injuste jalousie.

David témoigna-t-il quelque contentement en apprenant la mort de Saül ?

Loin de témoigner du contentement d'une mort qui lui donnait la tranquillité et la possession paisible d'un royaume, David pleura amèrement Saül ; il fit plus, il récompensa généreusement les habitants de Jabès qui avaient rendu à ce prince les derniers devoirs, et punit de mort un méchant homme qui croyait lui faire sa cour en disant qu'il avait tué Saül, et qu'il lui apportait son diadème.

Faites connaître les principaux faits du règne de David.

Après la mort de Saül, la tribu de Juda et celle de Benjamin reconnurent David pour roi, et bientôt après les dix autres se soumirent aussi à son obéissance. Ayant chassé les Jébuséens de Jérusalem, il y fit bâtir un magnifique palais, et y établit sa demeure. Il voulut aussi y placer l'Arche d'alliance, et dès lors Jérusalem devint le chef-lieu de l'état et de la religion.

A quels peuples David fit-il la guerre?

David fit la guerre aux Moabites, aux Philistins, aux Ammonites et à d'autres peuples voisins qui avaient autrefois assujetti les Hébreux.

David fut-il toujours fidèle à Dieu?

David conserva toujours une foi vive et une ferme confiance en Dieu; mais il eut le malheur de s'écarter plusieurs fois de son devoir; il entraîna au crime Bethsabée, dont il fit ensuite mourir le mari.

Comment Dieu punit-il ce double crime en David?

Il permit qu'Absalon son fils se révoltât contre lui, ce qui l'obligea de sortir de Jérusalem et de s'enfuir sur les montagnes.

Comment David remonta-t-il sur le trône?

Par suite de la défaite et de la mort d'Absalon.

Comment Absalon mourut-il?

Absalon, fuyant précipitamment, était monté sur une mule; ses cheveux, qui étaient forts grands, s'embarrassèrent dans les branches d'un chêne, et il y resta suspendu. Joab, général de l'armée victorieuse, l'ayant appris alla le percer de trois dards.

David ne se rendit-il pas encore coupable?

Quelque temps avant sa mort, David voulut, par un sentiment d'orgueil, savoir quelle était la population de son royaume, et il en fit faire le dénombrement.

Comment Dieu le punit-il de cette faute?

Il lui envoya son prophète pour lui dire qu'il eût à choisir entre une famine de sept ans, une guerre de trois mois et une peste de trois jours. David choisit la peste, comme pouvant l'atteindre aussi bien que le dernier de ses sujets.

Combien de personnes ce fléau emporta-t-il pendant ces trois jours?

Soixante-dix mille hommes. Pendant la durée de ce fléau, David ne cessait de prier et de pleurer. Il se montra bien sincèrement repentant de toutes les fautes de sa vie, que Dieu lui fit expier par d'autres peines encore.

Quels monuments de sa piété David a-t-il laissés à la postérité?

Cent cinquante psaumes, dont la plupart sont des prophéties touchant la venue du Messie et son règne éternel.

Quel fut le successeur de David?

Salomon, fils de Bethsabée.

Quels sont les principaux événements du règne de Salomon?

Salomon, surnommé le plus sage des rois, fut en effet très sage et très vertueux, pendant les premières années de son règne. Le Seigneur lui apparut en songe, et promit de lui accorder ce qu'il demanderait. Le jeune prince demanda la sagesse et l'intelligence, afin de bien gouverner son peuple; ce qui lui fut accordé avec la gloire et les richesses. Sa domination s'étendait de l'Euphrate à l'Egypte et de la Phénicie au golfe Arabique ; un grand nombre de rois étaient ses tributaires.

Salomon, ayant affermi son autorité, fit élever à la gloire du Seigneur un temple magnifique, et y plaça l'Arche avec la pompe la plus solennelle.

Comment le Seigneur témoigna-t-il à Salomon son contentement?

Le Seigneur, pour témoigner à Salomon son contentement, lui apparut de nouveau, et lui renouvela les promesses qu'il avait faites à David, et lui promit toutes sortes de prospérités, s'il restait fidèlement attaché à son saint culte.

Salomon persévéra-t-il dans de si heureuses dispositions?

Non : Salomon, dont la renommée était répandue sur toute la terre, se laissa enfler par la prospérité et corrompre par l'amour des plaisirs ; il abandonna le Seigneur, se prosterna devant d'infâmes idoles, et leur bâtit des temples !

Comment Dieu punit-il les égarements de Salomon?

Dieu punit Salomon en permettant qu'il s'élevât des révoltes et des troubles dans ses états. Jéroboam, s'étant fait un puissant parti parmi les Juifs, se révolta aussi contre lui ; une disette presque générale, fruit des troubles et des dissensions qui agitaient le pays, succéda à l'abondance qui avait fait jusque là le bonheur des peuples.

Tel était l'état de la Judée lorsque ce prince mourut, moins usé par les années que par la mollesse et les plaisirs.

SIXIÈME ÉPOQUE.

Quels sont les principaux événements de la sixième époque?

Les principaux événements de la sixième époque sont : la séparation de la monarchie en deux royaumes, celui de Juda et celui d'Israel ; l'idolâtrie publiquement établie dans le royaume d'Israel, malgré les salutaires avertissements d'un grand nombre de prophètes ; la destruction successive de ces deux royaumes ; la captivité de tout ce malheureux peuple, juste punition de son impiété et de son idolâtrie.

Qu'arriva-t-il après la mort de Salomon?

Après la mort de Salomon (962) son royaume ne tarda pas à être divisé, comme le Seigneur le lui avait annoncé, en punition de ses égarements. Son fils Roboam, au moment d'être établi sur le trône, irrita le peuple par son orgueil et sa dureté. Dix tribus se séparèrent de lui, et élurent Jéroboam pour leur roi. Les tribus de Juda et de Benjamin restèrent fidèles à Roboam, et formèrent le royaume de Juda. L'autre royaume prit le nom de royaume d'Israël.

Quels furent les principaux rois de Juda et les faits remarquables de leur règne?

Roboam fut d'abord fidèle au Seigneur, mais il se laissa aller sur la fin de sa vie à l'idolâtrie comme son père. Sous son règne le temple et la ville de Jérusalem furent pillés par Sésac, roi d'Egypte.

Abias marcha sur les traces de son père, et entretint le peuple dans l'idolâtrie.

Aza rétablit le culte du vrai Dieu, et Josaphat, son fils, donna l'exemple de toutes les vertus.

Joram n'imita point les vertus de son père Josaphat. Digne époux d'Athalie, fille d'Achab et de Jézabel, il massacra ses frères et les amis de son père, et rétablit le culte des idoles. Vaincu par les Arabes et les Philistins, il succomba à une horrible maladie.

Ochosias, son fils, tomba aussi dans toutes sortes de déréglements. Après sa mort, ses enfants furent immolés par Athalie, sa mère, à l'exception de Joas, qui fut sauvé par les soins de Josabeth, sa tante, épouse du grand-prêtre Joïada. Joas étant monté sur le trône après le massacre d'Athalie, se conduisit sagement jusqu'à la mort du grand-prêtre; mais ensuite il se laissa aller à l'orgueil et à l'impiété; il poussa même l'ingratitude jusqu'à faire lapider Zacharie, fils et successeur de Joïada. Peu après les Syriens s'emparèrent de Jérusalem, et firent souffrir mille outrages à ce malheureux prince, qui n'échappa à leur fureur que pour périr par les mains de ses officiers.

Amasias, son fils, ne l'imita que dans son impiété. Osias ou Azarias se conduisit d'abord d'une manière exemplaire; mais ayant voulu offrir de l'encens au Seigneur, il fut en un moment couvert de lèpre et obligé de céder le trône à son fils Joathan.

Joathan fut toujours fidèle aux lois du Seigneur; mais son fils Achaz fut un des plus méchants rois de Juda.

Ezéchias, fils d'Achaz, fut comme David et Joathan un principe selon le cœur de Dieu. C'est sous le règne d'Ezéchias que finit le royaume d'Israel.

Racontez-nous l'histoire des rois d'Israel depuis Jéroboam.

Jéroboam 1er, roi d'Israel, pour tenir son peuple éloigné de Jérusalem, établit le culte des veaux d'or à Bethel et à Dan. De là vint que tous ses successeurs furent idolâtres et méchants. Ils périrent presque tous de mort violente et victimes des ambitieux qui s'emparaient successivement du trône.

Achab et la cruelle Jézabel surpassèrent par leur impiété ceux qui les avaient précédés sur le trône; ils élevèrent, dans Samarie, un temple à Baal, et firent injustement massacrer Naboth pour lui ravir un champ qu'ils convoitaient. Achab mourut d'une blessure reçue à la guerre, et la mort de Jézabel fut horrible. Jéhu, qui était devenu roi d'Israel suivant la prophétie d'Elisée, livra aux chiens le corps de la veuve d'Achab, extermina toute la race de ce prince ainsi que les prêtres et les sectateurs de Baal.

Joas, un des successeurs de Jéhu, prit et pilla Jérusalem. Plus tard Manahem devint tributaire des Assyriens. Sous Phacée, Téglatphalasar, roi d'Assyrie, envahit Israel, et emmena captifs une partie de ses habitants. Enfin, sous son successeur Osée, Dieu ayant résolu la perte d'un peuple qui n'avait cessé de l'outrager, Salmanasar l'Assyrien prit Samarie, capitale du royaume d'Israel, et emmena captives à Ninive les dix tribus, qui ne reparurent plus (718).

Que se passait-il à cette époque dans le royaume de Juda?

Dans le royaume de Juda le saint roi Ezéchias écoute le prophète Isaïe, et règne avec gloire et piété. Dieu prolonge miraculeusement ses jours et le protége contre Sennachérib, roi d'Assyrie; un ange tue, pendant une nuit, cent quatre-vingt-cinq mille hommes de cette armée idolâtre.

Parlez-nous des successeurs d'Ezéchias?

Manassès, indigne fils d'Ezéchias, détruit tout le bien opéré par son père, rétablit les idoles, fait périr Isaïe: conduit à Babylone chargé de fers, il se repent, le Seigneur lui pardonne et le ramène sur son trône.

Amon abandonne le Dieu de ses pères, et meurt assassiné.

Joas, son fils, est fidèle au Seigneur; il détruit les idoles et purifie le temple. Lorsqu'il mourut d'une blessure reçue en combattant contre Néchao, roi d'Egypte, il fut pleuré de tous et particulièrement du prophète Jérémie. — Sous son fils Joachas, Néchao prend Jérusalem, et met sur le trône Joachim, frère de Joachas. Ce prince fut injuste, avare et inhumain; l'Ecriture dit qu'il avait bâti sa maison dans l'iniquité. Baruch, disciple de Jérémie, ayant lu dans le temple les prophéties de son maître annonçant les malheurs qui allaient fondre sur la Judée, le roi déchira le livre qui les renfermait et les jeta au feu. Ce prince fut bientôt livré entre les mains de Nabuchodonosor II, qui l'emmena à Babylone.

Jéchonias, qui lui succéda, fut à son tour attaqué par Nabuchodonosor et emmené comme lui à Babylone avec une multitude de Juifs. C'est de là que date le commencement de la captivité de Babylone.

Sédécias, placé sur le trône par Nabuchodonosor, se révolta de nouveau. Ce conquérant irrité reparut devant Jérusalem. La malheureuse ville fut prise de force et livrée au pillage et ensuite au feu, ainsi que le temple. On fit un horrible carnage des habitants; ceux qui échappèrent au massacre furent emmenés captifs à Babylone, et on ne laissa en Judée que les plus pauvres pour cultiver la terre: ainsi finit le royaume de Juda. Tous ces malheurs sont décrits de la manière la plus touchante dans les lamentations de Jérémie.

SEPTIÈME ÉPOQUE.

Quels sont les principaux événements de la septième époque?

Les principaux événements de la septième époque sont les nouveaux troubles arrivés en Judée; l'état de souffrance où se trouvait le peuple hébreu en Judée, en Egypte et en Assyrie; la vie de plusieurs saints personnages célèbres, mais surtout l'avénement de Cyrus au trône de Babylone et le retour du peuple dans la Judée.

Quelle fut l'occasion des nouveaux troubles survenus en Judée après le départ de Nabuchodonosor?

Nabuchodonosor avait laissé Godolias, un de ses officiers, pour gouverner en Judée; mais ce gouverneur fut assassiné au milieu d'un festin par Ismael, homme remuant, de la tribu de Juda. Alors les peuples, craignant la colère du souverain, s'enfuirent en Egypte contre l'avis de Jérémie, qui les assurait qu'il ne leur arriverait rien de fâcheux s'ils restaient, et qu'au contraire ils périraient tous s'ils passaient en Egypte ; mais il ne fut pas cru.

Cependant Nabuchodonosor ayant déclaré la guerre au roi d'Egypte le vainquit, et fit massacrer tous les Juifs qu'il trouva dans ce pays. Ainsi s'accomplit la prophétie de Jérémie.

Quel était l'état des Juifs dans le pays des Babyloniens ?

Les Juifs arrivés en captivité obtinrent la permission de vivre selon leur loi et d'être gouvernés par les principaux de leur nation.

Quels sont les personnages les plus célèbres de cette époque parmi les Hébreux ?

Parmi les personnages les plus célèbres de la captivité on remarque Daniel, Ananias, Misaël, Azarias, Suzanne, Ezéchiel, Zorobabel, Esther, et Mardochée.

Que sait-on de Daniel et de ses compagnons Ananias, Mizaël et Azarias ?

Nabuchodonosor ayant fait choisir plusieurs jeunes Hébreux pour être élevés dans son palais, Daniel et ses compagnons furent de ce nombre, et ils se montrèrent toujours fidèles observateurs de la loi du Seigneur.

Comment Dieu récompensa-t-il cette fidélité ?

Il leur donna une sagesse remarquable, et permit que le roi, les prenant en amitié, leur confiât les places les plus importantes de son royaume.

A quelle nouvelle épreuve la vertu de ces jeunes hommes fut-elle mise ?

Les Babyloniens, jaloux de la confiance que

Nabuchodonosor avait en eux, entreprirent de les perdre, et pour cet effet ils conseillèrent à Nabuchodonosor de condamner au feu tous ceux de ses sujets qui n'adoreraient pas sa statue, sachant que les jeunes Hébreux n'obéiraient pas. Ils furent en effet jetés dans la fournaise en présence du roi; mais il ne leur arriva aucun mal! Le roi étonné condamna les ennemis des Hébreux à être jetés eux-mêmes dans la fournaise, et ordonna à tous ses sujets d'adorer le Dieu des Hébreux.

Daniel ne fut-il pas éprouvé à son tour?

Daniel, qui était resté dans le palais en qualité de gouverneur, n'ayant pas voulu participer à l'idolâtrie des Babyloniens, fut jeté deux fois dans une fosse où se trouvaient un grand nombre de lions. Le roi, ayant appris que ces animaux n'avaient fait aucun mal à Daniel, fit précipiter dans la fosse les ennemis de ce saint prophète, et ils furent à l'instant dévorés.

Comment Daniel se rendit-il encore célèbre à la cour?

Il expliqua à Nabuchodonosor un songe extraordinaire qu'il avait eu, et par lequel Dieu lui faisait connaître qu'en punition de son orgueil il serait changé en bête; ce qui arriva en effet. Il prédit aussi la ruine de Babylone en expliquant à Balthasar le sens de trois mots que ce prince avait vu écrire sur les murailles de son appartement par une main miraculeuse.

Que sait-on de Suzanne?

Suzanne était une femme vertueuse de la tribu de Juda. Deux vieillards, honorés du titre de juges du peuple, ayant conçu pour elle une passion honteuse, osèrent la lui déclarer dans un moment où elle était seule, la menaçant, en cas de refus, d'une mort ignominieuse. La vertueuse Israélite, ne connaissant de mal que dans le péché, se laissa condamner. Comme on la conduisait au supplice le jeune Daniel protesta contre le jugement, qu'il qualifia d'inique sentence. Il fut écouté, on le chargea même de confronter les vieillards. L'innocence de Suzanne fut reconnue, et les infâmes vieillards subirent la peine qu'ils avaient si justement méritée.

Que sait-on d'Ezéchiel?

Ezéchiel, emmené à Babylone avec le roi Jechonias, eut beaucoup de révélations sur les malheurs de Jérusalem et sur la captivité; il prédit aussi le retour du peuple, et le rétablissement du temple: ses prédictions contribuèrent beaucoup à maintenir le peuple dans l'observance de la loi de Dieu.

Quel personnage remarquable édifia encore les Israélites pendant la captivité de Ninive?

Le saint homme Tobie, plein de charité pour ceux de sa nation dont il partageait la captivité, les assistait dans tous leurs besoins; mais il se distingua surtout par son zèle pour ensevelir les morts contre l'ordre injuste du roi de Ninive, et au péril même de sa vie. — Cet homme juste perdit la vue, et montra une résignation admirable. Il éleva son fils dans la crainte du Seigneur, et lui donna les plus sages avis pour sa conduite dans la vie. Dieu, pour récompenser sa patience, donna à son fils un ange qui lui servit de guide dans un voyage qu'il entreprit. Après la mort de Tobie son fils marcha sur ses traces, et fut aussi un modèle de piété envers le Seigneur.

De quel prince Dieu se servit-il pour délivrer son peuple de la captivité ?

De Cyrus, fils de Cambyse, roi de Perse, qui devint lui-même roi de Babylone.

A quelle époque Cyrus donna-t-il aux Juifs la permission de rentrer dans leur pays ?

Cyrus donna aux Juifs la permission de rentrer dans leur pays précisément dans la soixante-dixième année de la captivité, ainsi que les prophètes l'avaient annoncé. Il leur remit en même temps tous les vases sacrés que Nabuchodonosor avait emportés.

Quel était le chef de la nation juive au retour de la captivité ?

C'était Zorobabel, prince de la famille de David.

Quelle fut la première occupation des Juifs en arrivant à Jérusalem ?

Ce fut de jeter les fondements du temple. Quelque temps après, sous la conduite d'Esdras et de Néhémie, ils rebâtirent aussi la ville et l'entourèrent de murailles.

Quel était l'état des Juifs après le retour de la captivité ?

Au retour de la captivité les Juifs vécurent en paix et suivant leurs lois, sous les rois de Perse, qui les traitèrent avec douceur, et qui en furent plutôt les protecteurs que les maîtres.

Tous les Juifs profitèrent-ils de la permission de Cyrus pour rentrer dans leur patrie ?

Non, plusieurs ayant formé des établissements dans le lieu de leur exil, et s'y trouvant heureux, voulurent y rester.

Les Juifs restés en Perse y furent-ils toujours tranquilles?

Les Juifs restés en Perse faillirent être victimes de la haine d'Aman, favori du roi Assuérus.

Rapportez la principale cause de la haine qu'Aman portait aux Juifs.

Aman, fier de la confiance sans bornes dont Assuérus l'honorait, voulut se faire adorer. Le Juif Mardochée refusa de lui rendre un honneur qu'il ne devait qu'à Dieu; dès lors la perte de tous les Juifs fut résolue, et l'ordre de les massacrer tous en un seul jour fut publié dans toutes les provinces du royaume. Une potence haute de soixante coudées fut dressée pour y pendre Mardochée.

Comment les Juifs furent-ils délivrés de la persécution d'Aman?

Les Juifs furent délivrés de la persécution d'Aman d'une manière toute miraculeuse. Le roi, se faisant lire les annales de son règne, apprit que Mardochée, qui avait découvert une conspiration tramée contre lui, n'avait reçu aucune récompense; il ordonna à Aman de le revêtir de la pourpre royale, de le faire monter sur son propre cheval, et de le conduire dans toute la capitale en criant que *c'était ainsi que devait être honoré celui que le roi voulait honorer.*

Malgré le triomphe de Mardochée, le sort des Juifs n'était pas encore assuré; mais Esther, nièce de Mardochée, qui, par un ordre tout particulier de la Providence, était devenue épouse d'Assuérus, se présenta devant lui, et, lui ayant fait connaître son origine, lui demanda grâce pour elle et pour ses frères. Elle lui parla aussi des intrigues de son indigne favori et de l'abus odieux qu'il faisait de son autorité. Assuérus irrité ordonna qu'Aman fût attaché sur-le-champ à la potence qu'il avait fait dresser pour Mardochée, et que Mardochée fût nommé son premier ministre.

Qui étaient les prophètes?

Les prophètes étaient des hommes que Dieu remplissait de son esprit, à qui il découvrait les choses cachées et qu'il envoyait aux rois et aux peuples pour les rappeler au devoir. Moïse, Samuel, David, Salomon, etc., etc., étaient des prophètes; mais on donna particulièrement ce nom à ceux qui menaient une vie austère et retirée; tels sont les quatre grands prophètes dont nous avons déjà parlé; Isaïe, Jérémie, Ezéchiel et Daniel, et ceux qu'on appelle petits prophètes, dont les principaux sont Jonas, qui prêcha la pénitence aux Ninivites; Michée, qui annonça que le Messie naîtrait à Bethléem; Aggée, qui engagea les Juifs à rebâtir le temple au retour de la captivité, les assurant que le Sauveur du monde le sanctifierait par sa présence; Zacharie, qui prédit d'une manière très expresse la venue du Sauveur, sa mort et la prédication de l'Evangile; Malachie, qui annonça qu'un nouveau sacrifice serait substitué aux anciens, et qu'il serait offert jusqu'à la fin des temps, etc.

Donnez-nous quelques détails sur la mission de Jonas à Ninive.

Jonas reçut de Dieu l'ordre d'aller prêcher la pénitence aux Ninivites; mais au lieu d'obéir il s'embarqua pour Tharse. Une tempête violente ayant assailli le vaisseau, les matelots pensèrent qu'un coupable caché attirait sur eux la vengeance céleste, et ils jetèrent le sort, qui tomba sur Jonas. Le prophète fut jeté dans la mer; mais Dieu permit qu'un poisson monstrueux le reçût dans son sein et que trois jours après il le rejetât sur le bord de la mer sans lui avoir causé aucun mal. Jonas, instruit par son malheur, se rendit à Ninive, et annonça à ses coupables habitants que dans quarante jours la ville serait détruite. A la voix du prophète tous firent pénitence, et le Seigneur leur fit miséricorde.

HUITIÈME ÉPOQUE.

Quels sont les principaux événements de la huitième époque?

L'arrivée d'Alexandre-le-Grand à Jérusalem, sa mort à la suite de laquelle la Judée change incessamment de maîtres, la persécution d'Antiochus et le gouvernement des Machabées.

A quelle occasion Alexandre-le-Grand alla-t-il à Jérusalem?

Alexandre-le-Grand, successeur de Philippe, son père, roi de Macédoine, ayant vaincu les Grecs et traversé en dominateur l'Asie-Mineure, voulut également asservir l'Egypte et la Perse; il s'avança vers Jérusalem dans l'intention de livrer la ville et le temple au pillage.

Alexandre livra-t-il en effet la ville au pillage?

Non, car à la vue du grand prêtre Jaddus, il changea tellement de dessein qu'il voulut même aller dans le temple y faire offrir des victimes pour le succès de ses armes.

Comment l'empire d'Alexandre fut-il partagé après sa mort?

Après la mort d'Alexandre ses généraux massacrèrent tous les membres de sa famille, et se partagèrent ses états entre eux. La Judée, qui avait été jointe à l'Egypte, fut quelque temps après réunie à la Syrie, sous le règne de Séleucus.

Quel fut le sort des Juifs sous ces nouveaux maîtres?

Les Juifs furent assez tranquilles sous Séleucus et sous Antiochus-le-Grand; mais Séleucus Philopator commença à les persécuter, et voulut que le grand-prêtre Onias lui donnât l'argent destiné aux sacrifices. Le pontife s'étant refusé à cette profanation, Héliodore eut ordre d'entrer dans le temple et de s'emparer lui-même du trésor. Ce sacrilège ne resta pas longtemps impuni; deux anges sous la forme de deux jeunes hommes le saisirent, et le frappèrent si violemment qu'il resta comme mort.

Antiochus Epiphane fit à la nation juive une guerre bien plus cruelle encore. Par son ordre le vieillard Eléazar, sept enfants d'une même mère, connus sous le nom des sept Machabées, ainsi qu'une multitude de Juifs, furent livrés à une mort cruelle pour avoir refusé, par respect pour leur sainte loi, de manger des viandes défendues et d'adorer des idoles.

Comment les Juifs furent-ils délivrés de cette nouvelle persécution?

Par le courage de Mathathias. Cet homme intrépide, secondé par ses cinq enfants, Judas, Jonathas, Jean, Eléazar et Simon, se retira dans le désert en appelant à sa suite tous les vrais Israélites. Il forma ainsi une petite armée toute composée d'hommes résolus et disposés à mourir plutôt que de se rendre aux volontés du tyran qui voulait les opprimer. Dieu couronna leurs efforts d'un heureux succès : ils battirent leurs ennemis, mirent à mort les Juifs prévaricateurs, renversèrent les idoles et rétablirent les sacrifices en l'honneur du vrai Dieu.

Qui est-ce qui prit le commandement des troupes après la mort de Mathathias?

Après la mort de Mathathias, Judas Machabée, son fils, prit le commandement de l'armée sainte; il fit des prodiges de valeur, défit successivement Apollonius, Séron, Ptolomée Nicanor, Gorgias et Lysias, généraux d'Antiochus, ainsi que Bacchide et Alcimo, envoyés contre lui par Démétrius, successeur d'Antiochus.

Jonathas, son frère, qui lui succéda, obtint les mêmes succès; il réunit en sa personne le titre de grand-prêtre à celui de général des troupes.

Quel fut le successeur de Jonathas?

Ce fut Simon, son frère; il gouverna avec sagesse, conserva l'indépendance de sa nation, et fit même des alliances qui le rendirent redoutable à ses ennemis.

Que sait-on des successeurs de Simon?

Jean Hircan, son fils, gouverna le peuple pendant plus de trente ans; sa conduite fut toujours irréprochable, et le peuple fut heureux. Aristobule, qui lui succéda, fut fait prisonnier par Pompée, général romain, et envoyé à Rome avec ses fils Alexandre et Antigone. Jules César, voulant affaiblir le parti de Pompée, renvoya Aristobule en Judée; mais ce prince fut empoisonné avant d'avoir rien pu entreprendre pour les intérêts de sa nation. Ce fut vers ce temps qu'Hérode, gouverneur de la Basse-Syrie, s'empara de la Judée. Les services qu'il avait rendus à César lui valurent le titre de roi de cette contrée.

Par quel événement le règne d'Hérode en Judée est-il à jamais devenu mémorable ?

Par la naissance de Jésus-Christ, sauveur de tous les hommes, qui parut sur la terre lorsque Auguste, proclamé empereur romain, venait de donner la paix à l'univers.

Que devinrent les Juifs après la venue de Jésus-Christ ?

La ville de Jérusalem subsista et les Juifs continuèrent de former un corps de nation quelque temps encore après la publication de l'Evangile par les apôtres et les disciples de Jésus-Christ. Enfin, à la suite de révoltes contre l'autorité de Rome et au milieu de leurs discordes intérieures, les Juifs virent Jérusalem assiégée par les Romains. Pendant cette guerre cruelle il y eut une famine horrible, et, suivant la prédiction du Sauveur, Jérusalem fut prise et ruinée, le temple fut brûlé, et les Juifs, qui avaient répandu le sang de tant de prophètes, qui n'avaient pas voulu reconnaître le divin Messie, qui l'avaient mis à mort, furent chassés de leur pays, réduits au misérable état où nous les voyons depuis dix-huit cents ans, et néanmoins conservés d'une manière miraculeuse.

ABRÉGÉ

DE

L'HISTOIRE DE FRANCE.

LEÇON PRÉLIMINAIRE.

Au commencement de l'ère chrétienne, c'est à dire à la venue de Jésus-Christ, quel nom donnait-on au pays appelé aujourd'hui la France?

Au commencement de l'ère chrétienne le pays nommé aujourd'hui la France faisait partie des Gaules, c'est à dire des contrées situées entre la Méditerranée, l'Océan, le Rhin et les Alpes.

Comment ces contrées étaient-elles divisées?

En un grand nombre de petits états indépendants.

Quelles étaient les principales occupations des habitants des Gaules?

Les principales occupations des Gaulois étaient la chasse et la guerre.

Quelle religion professaient les Gaulois?

Avant la venue de Jésus-Christ et pendant

les premiers siècles de l'ère chrétienne les Gaulois étaient plongés dans une déplorable idolâtrie ; ils adoraient bien un être suprême, qu'ils appelaient Teutatès ; mais ils avaient plusieurs divinités secondaires.

Comment se nommaient les prêtres de ces idoles ?

Ils se nommaient druides.

Ces druides formaient le premier ordre de la nation ; ils jugeaient de toutes les causes, punissaient les crimes et étaient chargés de l'éducation de la jeunesse ; mais les affaires publiques ne se traitaient que dans les assemblées générales.

Comment les Gaulois perdirent-ils leur indépendance ?

Par des divisions intestines que l'ambition et la jalousie semèrent parmi les chefs de tribus.

Par qui les Gaules furent-elles asservies ?

Par Jules César, général romain, l'an 46 avant Jésus-Christ.

Les Gaulois ne firent-ils pas tous leurs efforts pour reconquérir leur liberté ?

Les Gaulois essayèrent avec énergie de se soustraire à la domination romaine ; on compta trente batailles dans l'espace de neuf ans ; mais tout fut inutile, il fallut se soumettre.

Comment Jules César traita-t-il les Gaulois après les avoir vaincus ?

Il les traita avec bonté et avec douceur ; il s'en fit même de puissants auxiliaires contre Pompée, son rival,

PREMIER SIÈCLE.

Quels sont les principaux événements du premier siècle de l'ère chrétienne par rapport à l'histoire de France ?

Le règne d'Auguste, la paix qu'il accorda à l'univers presque entièrement soumis aux Romains, l'avénement de Jésus-Christ, le règne des successeurs d'Auguste et leur gouvernement dans les Gaules.

A quelle époque Auguste fut-il proclamé empereur ?

Auguste fut proclamé empereur, trente-un ans avant l'ère chrétienne.

Quelle fut la conduite d'Auguste à l'égard des Gaulois ?

Auguste, voulant s'assurer la possession des Gaules, s'efforça de rendre les peuples heureux; il divisa le pays en quatre provinces qu'il soumit à des gouverneurs particuliers; fit tracer des routes pour le passage des troupes, et fit bâtir un grand nombre de villes et de citadelles. (1)

Quelle fut la conduite des successeurs d'Auguste à l'égard des Gaulois ?

Tibère laissa prendre à ses gouverneurs un grand ascendant; les peuples vexés et chargés d'impôts se révoltèrent; mais comme ils furent vaincus leur condition devint plus dure encore qu'auparavant.

(1) C'est sous ce prince que Jésus-Christ vint au monde. Hérode, qui portait le titre de roi de Judée, n'avait qu'une autorité dépendante des Romains.

Caligula se rendit exécrable par sa tyrannie et ses cruautés; il immola une multitude de citoyens afin de pouvoir s'emparer de leurs biens.

Claude, natif de Lyon, se fit aimer de ses concitoyens; c'est de son règne que datent le pont du Gard, le temple et les arènes de Nîmes, etc.

Néron se rendit odieux à tous ses sujets, mais encore plus aux Gaulois par les vexations que ses gouverneurs leur firent subir. Les Gaulois furent assez heureux sous Vespasien et sous Tite, son fils et son successeur; mais ils eurent toutes sortes de maux à souffrir sous Domitien. Les Gaulois devaient avoir à souffrir longtemps encore de l'autorité que les gouverneurs s'étaient arrogée.

DEUXIÈME SIÈCLE.

Quels sont les principaux événements du deuxième siècle par rapport aux Gaules?

Les événements les plus remarquables du deuxième siècle par rapport aux Gaules sont la conduite plus ou moins tyrannique des empereurs, l'érection de plusieurs écoles où furent cultivés les arts et les sciences; mais l'événement qui doit nous intéresser au plus haut degré, est l'établissement du christianisme et la mort d'un grand nombre de martyrs.

Quelle fut la conduite des empereurs romains par rapport aux Gaules, durant le deuxième siècle?

Les Gaules furent assez tranquilles sous Nerva, Trajan, Adrien et Antonin; mais Marc-Aurèle y fit répandre le sang d'une multitude de chrétiens que S. Denis et ses compagnons avaient convertis à la vraie foi.

Que firent les Romains pour modérer le caractère guerrier des Gaulois?

Pour modérer le caractère guerrier des Gaulois les Romains s'efforcèrent de leur donner le goût de l'agriculture, du commerce et des arts; ils ouvrirent aussi plusieurs écoles, et spécialement à Lyon, à Trèves, à Reims, à Vienne, à Narbonne, à Paris, etc.

TROISIÈME SIÈCLE.

Quels sont les principaux événements du troisième siècle par rapport aux Gaules?

Les principaux événements du troisième siècle par rapport aux Gaules sont : les progrès que le christianisme fit dans ces contrées, le grand nombre de martyrs qui versèrent leur sang pour la foi et l'élévation de Constance Chlore à la dignité de césar.

La mort des premiers chrétiens fut-elle un obstacle à l'établissement du christianisme dans les Gaules?

La mort des fidèles ne servit dans les Gaules, comme dans les autres contrées, qu'à répandre de plus en plus la foi chrétienne.

Quelles sont les villes où les chrétiens furent le plus persécutés?

Les villes où les chrétiens furent le plus persécutés sont Lyon, Vienne, Reims, Amiens, Paris et Toulouse.

A quelle occasion Constance Chlore fut-il proclamé césar?

L'empire romain se trouvant attaqué de toutes parts, les empereurs Dioclétien et Maximien-Hercule pensèrent qu'il était avantageux de créer deux césars pour soutenir leur propre autorité; Maximien choisit Constance Chlore, qui se trouvait alors dans la Bretagne, et lui donna le commandement des Gaules.

Quelle fut la conduite de Constance Chlore dans les Gaules?

Constance Chlore gouverna les Gaules avec beaucoup de sagesse et de modération; il témoigna en mille rencontres sa confiance envers les chrétiens, et cependant il ne put empêcher Maximien d'en faire mourir encore un grand nombre.

QUATRIÈME SIÈCLE.

Quels sont les principaux événements du quatrième siècle par rapport aux Gaules?

Les principaux événements du quatrième siècle sont les premières tentatives des peuples du nord pour envahir l'empire romain, l'administration des Gaules confiée à Constantin, fils de Constance Chlore; la conversion de ce prince en arrivant au trône, l'invasion des Francs dans la Belgique après la mort de Julien et de Théodose-le-Grand.

Quels furent les premiers peuples du nord qui essayèrent d'entamer l'empire romain?

— 57 —

Lès Goths, les Vandales, les Germains et les Francs.

Quel fut le successeur de Constance Chlore dans le gouvernement des Gaules?

Constantin, son fils. Ce prince gouverna avec sagesse, et fut le premier empereur chrétien.

A quelle occasion se convertit-il?

A l'occasion d'une victoire qui lui fut annoncée par l'apparition d'une croix dans les airs, lorsqu'il allait combattre le tyran Maxence, qui s'était emparé de Rome.

Par qui les Gaules furent-elles gouvernées après la mort de Constantin?

Par Constantin II, son fils, et ensuite par Julien surnommé l'Apostat. Ce dernier fit la guerre aux Germains et aux Francs, qui plusieurs fois avaient voulu s'emparer du nord de la Gaule. Ce fut après une de ses plus brillantes expéditions qu'étant de retour à Paris, où il faisait sa résidence ordinaire, il fut proclamé empereur.

CINQUIÈME SIÈCLE.

Quels sont les principaux événements du cinquième siècle par rapport aux Gaules?

Les principaux événements du cinquième siècle par rapport aux Gaules sont les nombreuses victoires des Francs sur les Romains et leur établissement dans les Gaules, les exploits de leurs premiers chefs, la conversion de Clovis et celle de la plupart de ses sujets.

Donnez-nous quelques détails sur les commencements de la conquête des Gaules par les Francs?

Depuis longtemps les Francs avaient conçu le dessein de s'emparer des contrées septentrionales des Gaules; plusieurs fois ils avaient attaqué les Romains; mais ils avaient toujours été refoulés vers la Germanie, d'où ils étaient partis. Vers l'an 420 ils résolurent de faire un nouvel effort, et ayant choisi Pharamond pour chef, ils s'avancèrent vers la frontière. L'armée romaine les repoussa encore, mais elle ne put les empêcher de s'établir aux environs de Trèves, d'où ils faisaient des courses dans les Gaules afin d'affaiblir, peu à peu, la puissance de leurs ennemis.

Clodion, qui succéda à Pharamond l'an 428, remporta plusieurs victoires sur les généraux romains, et il s'empara même de Cambrai, de Tournay et d'Amiens.

Après la mort de Clodion on élut Mérovée pour lui succéder (448).

Que sait-on de Mérovée?

Mérovée mit tous ses soins à rendre ses sujets heureux. Il fit alliance avec Aétius, général romain, et Théodoric, roi des Visigoths, établis au midi des Gaules, pour se défendre contre Attila, leur ennemi commun. Ce roi des Huns, qui se disait *le fléau de Dieu,* ayant dévasté toutes les contrées qui étaient sur son passage depuis les déserts de la Scythie, d'où il était sorti, menaçait également d'envahir les Gaules; il fut d'abord arrêté sous les murs d'Orléans et obligé de retourner sur ses pas, puis défait à Châlons-sur-Marne, où il perdit plus de trois cent mille hommes. Mérovée, qui avait eu la principale part à ces victoires, en profita pour agrandir ses états et pour s'en assurer la possession. C'est de ce prince que les rois de la première dynastie prirent le nom de *Mérovingiens*.

Sainte Geneviève et S. Germain d'Auxerre vivaient du temps de Mérovée.

En combien de dynasties se partagent les rois de France?

En trois : celle des Mérovingiens, celle des Carlovingiens et celle des Capétiens.

Quel fut le successeur de Mérovée?

Ce fut Childéric 1er, son fils (456). Ce prince, chassé du trône la première année de son règne, à cause de ses excès scandaleux, fut ensuite rappelé. Instruit par ses propres infortunes, il gouverna désormais avec sagesse et modération, et augmenta les possessions des Francs dans les Gaules. Il est surtout célèbre pour avoir donné le jour à Clovis, un des plus grands rois de France.

Que sait-on de Clovis?

Clovis Ier, vrai fondateur de la monarchie française, n'avait que quinze ans quand il succéda à Childéric, son père, en 481 ; mais dès lors il possédait les vertus et le génie qui font les conquérants. A son avénement au trône les Bourguignons occupaient encore les provinces comprises entre le Rhône, la Saône et les Alpes; les Visigoths étaient maîtres des pays situés entre les Alpes, les Pyrénées et la Loire, et les Romains avaient conservé le reste de la France, à l'exception de quelques provinces du nord-est, que les Francs avaient conquises. Clovis triompha successivement de tous ces puissants rivaux. Syagrius fut le premier qui éprouva l'effet de sa valeur ; par la défaite et la mort de ce général, la puissance des Romains dans les Gaules fut anéantie.

Dans quelles circonstances Clovis se convertit-il ?

Sainte Clotilde, son épouse, l'avait souvent exhorté à renoncer aux idoles et à recevoir le baptême, mais toujours inutilement ; cependant Clovis partit pour une expédition nouvelle contre les Allemands, qui voulaient s'emparer de ses conquêtes. Les troupes se rencontrèrent à Tolbiac, près de Cologne, en 496 ; au premier choc les Français plièrent. Alors Clovis, se souvenant des avis de Clotilde, s'écria avec confiance : *Dieu de Clotilde, si tu me rends victorieux, jamais je n'aurai d'autre Dieu que toi.* Aussitôt ses troupes se rallient, retournent à l'ennemi et remportent la victoire. Clovis, fidèle à sa promesse, se fit instruire, et reçut le baptême à Reims des mains de S. Remi, avec trois mille de ses soldats ; bientôt cet exemple fut suivi par la plupart de ses sujets.

Clovis, entre autre succès, remporta encore une célèbre victoire sur Alaric II, roi des Visigoths, qu'il tua de sa propre main à Vouillé. En agrandissant ses états et en affermissant son pouvoir, Clovis s'efforçait d'organiser le gouvernement et de maintenir la discipline par des réglements qu'il fit dresser dans le concile d'Orléans en 511 ; mais son ambition insatiable le porta à des actions injustes et violentes, bien indignes du nom de chrétien et de la gloire du monarque. Clovis mourut à Paris, dont il avait fait sa capitale.

SIXIÈME SIÈCLE.

Quels sont les principaux événements du sixième siècle par rapport à la France?

Les principaux événements du sixième siècle par rapport à la France sont les partages du royaume entre les fils du roi et les guerres qui en furent la suite, les règnes des successeurs de Clovis, et enfin la rivalité de Brunehaut et de Frédégonde.

Qui est-ce qui régna après Clovis?

Ses quatre fils. Childebert régna à Paris, Clotaire à Soissons, Clodomir à Orléans, et Thierry à Metz (511).

Quelle fut la conduite de ces princes?

Ils vécurent en paix tant qu'ils suivirent les avis de sainte Clotilde, leur mère; mais l'ambition et la jalousie vinrent bientôt troubler cette heureuse harmonie. Clodomir étant mort, Clotaire et Childebert égorgèrent ses enfants afin de s'emparer de leur patrimoine; le plus jeune, nommé Clodoald et depuis S. Cloud, échappa seul au massacre: il se retira dans un village près de Paris, qui porte aujourd'hui son nom.

Childebert mourut en 558, et fut enterré devant l'église de Saint-Germain-des-Prés, qu'il avait fait bâtir; Thierry mourut quelque temps après, ainsi que son fils Théodebert qui, lui avait succédé.

Clotaire, resté seul, réunit toute la monarchie; mais il ne jouit pas longtemps de sa fortune, car il mourut trois ans après, par le chagrin qu'il éprouvait, dit-on, d'avoir fait brûler

4

Chramme, son fils aîné, qui s'était révolté contre lui.

Quel fut le successeur de Clotaire ?

À la mort de Clotaire, son empire fut encore partagé entre ses quatre fils. Caribert régna à Paris, Chilpéric à Soissons, Sigebert à Metz, et Gontran à Orléans.

Quelles furent les suites de ce nouveau partage ?

Ce nouveau partage occasionna de grands troubles dans l'état, et fut la cause d'un grand nombre de meurtres et de scandales.

La rivalité de Frédégonde, épouse de Chilpéric, et de Brunehaut, épouse de Sigebert, acheva de mettre le comble aux maux de la France par les guerres civiles qui eurent lieu à cette occasion.

SEPTIÈME SIÈCLE.

Quels sont les principaux événements du septième siècle par rapport à la France ?

Les principaux événements du septième siècle par rapport à la France sont la continuation des guerres civiles entre Frédégonde et Brunehaut, la suite des successeurs de Clovis et le gouvernement des maires du palais.

Quel fut le successeur de Chilpéric au trône de Paris ?

Ce fut Clotaire II, son fils. Ce prince n'ayant que quatre ans, Frédégonde gouverna en son nom, et continua la guerre contre Childebert, fils de Brunehaut. Frédégonde mourut au moment où elle se croyait parvenue au comble de ses désirs. Clotaire, instruit par les leçons de sa mère Frédégonde, fit périr Brunehaut au milieu de cruels supplices, égorgea ceux de sa famille qui pouvaient lui porter quelque ombrage, et réunit sous sa domination toute la monarchie.

Quel fut le successeur de Clotaire II?

Ce fut Dagobert Ier, son fils, qui gouverna d'abord en prince sage et modéré; il s'acquit même de la gloire par les avantages qu'il obtint en Germanie, en Espagne et en Gascogne; mais s'étant ensuite livré à la débauche, il accabla le peuple d'impôts et se fit généralement détester. Plus occupé de ses plaisirs que de l'administration, il laissa prendre aux maires du palais un si grand ascendant que l'on préférait la protection de ces officiers à celle du roi même. Dagobert mourut à Epinay, et fut enterré dans l'église de Saint-Denis, qu'il avait fait bâtir. C'est de son temps que vivaient S. Arnoud, évêque de Metz, et S. Eloi, qui d'orfèvre devint évêque de Noyon (638).

Dans quel état se trouva la France à la mort de Dagobert?

Après la mort de Dagobert la France fut encore partagée entre ses deux fils, Clovis II et Sigebert; ces deux princes, qui ouvrent la liste des rois fainéants, étant trop jeunes pour régner seuls, l'administration resta entre les mains des maires du palais. L'un d'eux, nommé Pepin de Landon, gouverna avec sagesse le royaume de Sigebert; Grimoald, qui lui succéda dans l'administration, fut cruel et ambitieux; il essaya même de placer son fils sur le trône après la mort de Sigebert; mais cette usurpation prématurée n'eut aucun succès, et l'Austrasie se réunit elle-même à la Neustrie, où régnait Clovis, devenu par là seul roi (656).

Après la mort de Clovis le royaume fut encore divisé entre ses fils. Clotaire III eut la Neustrie, et Childéric II l'Austrasie; Thierry, étant encore au berceau, n'eut d'abord aucune part à l'héritage de son père. Sainte Bathilde, mère des deux souverains, eut la principale part dans le gouvernement des états de Clotaire, âgé seulement de cinq ans. Dans plusieurs provinces les Gaulois étaient encore distingués des Francs, et vivaient dans une espèce d'esclavage; la vertueuse reine en délivra un grand nombre à prix d'argent, et eut ainsi l'honneur de porter le premier coup au tyrannique usage de la servitude en Europe. C'est ainsi qu'elle employait son crédit et ses biens lorsque Ebroïn, maire du palais, l'obligea, à force de vexations, de lui abandonner l'administration des affaires. Bathilde se retira au monastère de Chelles, qu'elle avait fondé, et où elle finit saintement sa vie. Clotaire III mourut aussi peu après (670).

Quels furent les successeurs de Thierry?

Les successeurs de Thierry furent Clovis III et Childebert III. Pepin d'Héristal, maire du palais, continua de gouverner en leur nom.

HUITIÈME SIÈCLE.

Quels sont les principaux événements du huitième siècle par rapport à la France?

Les principaux événements du huitième siècle par rapport à la France sont la chute de la dynastie mérovingienne, les exploits de Charles Martel, l'avénement au trône de la dynastie carlovingienne, les règnes des deux plus illustres souverains de cette race, Pepin-le-Bref et Charlemagne.

Quels furent les derniers rois de la dynastie mérovingienne?

Les derniers rois de la dynastie mérovingienne furent Dagobert III, Clotaire IV, Chilpéric II, Thierry IV et Childéric III. Les maires du palais, et notamment Charles Martel, fils de Pepin d'Héristal, eurent toute la gloire du gouvernement et des victoires que les Français remportèrent sur leurs ennemis.

A qui Charles Martel fit-il la guerre?

Charles Martel fit d'abord la guerre aux peuples d'Allemagne, qui attaquaient sans cesse les frontières du nord, et ensuite aux Sarrasins ou Arabes, qui, s'étant emparés de l'Espagne, menaçaient d'envahir la France.

Donnez quelques détails de la victoire remportée par les Français sur les Arabes ou Sarrasins?

Une armée innombrable de Sarrasins, sous la conduite d'Abdérame, s'avança vers la Loire, après avoir ravagé toutes les provinces méridionales. Charles marcha à sa rencontre et la joignit entre Tours et Poitiers. Le choc fut terrible entre ces deux armées accoutumées à vaincre. Les Sarrasins, supérieurs en nombre, résistaient avec fureur, lorsque Charles envoya quelques troupes pour attaquer brusquement le camp ennemi et tailler

4*

en pièces les soldats, les femmes et les enfants qui y étaient restés ; les cris de ces malheureux répandirent le trouble dans l'armée arabe, qui fut complétement défaite.

Qui succéda à Charles Martel dans le gouvernement de la monarchie?

Ses deux fils, Carloman et Pépin. Bientôt Carloman, renonçant à toutes les grandeurs humaines, se retira dans le monastère du Mont-Cassin, où il vécut et mourut saintement. Pépin, resté seul au pouvoir, crut pouvoir faire le dernier pas vers le trône, et se fit proclamer par les grands de la nation, qu'il avait réunis à Soissons (752). Childéric III, qui avait été nommé roi à la mort de Charles Martel, fut rasé et renfermé dans le monastère de Saint-Bertin, à Saint-Omer, où il mourut en 754. Avec lui finit la race des Mérovingiens, après avoir régné deux cent soixante et onze ans depuis l'avénement de Clovis Ier, et donné vingt-deux souverains qui ont régné à Paris.

Que fit Pépin après son élévation à la royauté?

Pépin-le-Bref, se voyant à la tête du royaume, se fit couronner à Soissons par Boniface, évêque de Mayence et apôtre de la Germanie. Peu après, sollicité par le pape Etienne III, il porta ses armes contre Astolphe, roi des Lombards, qui menaçait Rome. Astolphe obtint la paix moyennant une somme considérable et avec la promesse de laisser au pape la libre possession des terres conquises par Pépin. Telle fut l'origine de la puissance temporelle des papes (756).

Qui succéda à Pépin?

Charlemagne et Carloman, ses fils ; mais Carloman étant mort peu après, Charlemagne resta seul maître de toute la monarchie.

Donnez quelques détails sur le règne de Charlemagne.

Charlemagne donna au royaume de France une gloire et un lustre qu'il n'avait jamais eus jusqu'à cette époque. Il délivra les frontières de l'invasion des Saxons, défit Didier, roi des Lombards, et le força de rendre les terres de l'Eglise qu'il avait usurpées. Didier fut envoyé prisonnier en France, et Charlemagne se fit proclamer roi des Lombards. Les Saxons, conduits par Witikind, furent les plus redoutables ennemis que Charlemagne eut à combattre, et il ne les dompta qu'après la soumission de Witikind, qui lui fut ensuite très fidèle. Il vainquit aussi les Avares ou Huns, et fit la conquête de la Bavière.

Comment Charlemagne fut-il nommé empereur ?

Charlemagne, se trouvant à Rome, l'an 800, se rendit à l'église pour assister à l'office divin de la fête de Noël ; le pape Léon lui mit la couronne impériale sur la tête et le salua empereur des Romains ; alors toute l'église retentit des acclamations du peuple.

La gloire des conquêtes est-elle la seule que Charlemagne se soit acquise ?

Outre la gloire des conquêtes, Charlemagne se fit encore remarquer par son zèle pour la religion, par la sagesse de son administration, par sa charité envers les pauvres, et par les efforts qu'il fit pour l'instruction de son peuple. Ces belles qualités lui ont fait donner généralement le titre de saint, comme la valeur lui mérita le titre de grand. Il mourut en 814 à Aix-la-Chapelle, où il avait établi le siége de son vaste empire.

NEUVIÈME SIÈCLE.

Quels sont les principaux événements du neuvième siècle par rapport à la France?

Les principaux événements du neuvième siècle par rapport à la France sont le démembrement et la décadence de l'empire carlovingien, l'affermissement du régime féodal et les ravages des Normands en France.

Quel fut le successeur de Charlemagne?

Ce fut Louis, surnommé le Débonnaire, à cause d'une bonté qui allait jusqu'à la faiblesse. Ce prince ayant partagé son empire entre ses fils Lothaire, Louis et Pépin, voulut ensuite former une quatrième part en faveur d'un autre enfant qu'il avait eu de Judith, sa seconde femme. Ses trois enfants dénaturés se révoltèrent contre lui, le vainquirent, et le firent déposer par une assemblée d'évêques et de seigneurs réunis à Soissons. Plus tard, rétabli sur le trône par les seigneurs de sa cour, il désigna son fils Charles pour être son successeur, ce qui occasionna de nouveaux troubles. Il mourut en allant faire la guerre à son fils Louis, roi de Bavière.

Que sait-on de Charles-le-Chauve, fils et successeur de Louis-le-Débonnaire?

Charles-le-Chauve faisait la guerre à ses frères lorsque les Normands, qui du vivant de Louis-le-Débonnaire avaient déjà envahi plusieurs provinces de l'empire, s'emparèrent de Nantes, de Tours, d'Orléans, de Rouen, et mirent le siége devant Paris. Charles, au lieu de les combattre, leur offrit de l'argent. Ce prince fut empoisonné par le juif Sédécias, en revenant d'Italie, où il était allé pour recueillir la succession de Lothaire, mort quelque temps auparavant.

Quel fut le successeur de Charles-le-Chauve ?

Ce fut Louis-le-Bègue. C'est particulièrement sous ce prince que prit naissance le règne féodal. Les bénéfices accordés par les rois de la première race à quelques seigneurs afin de se les attacher étant devenus héréditaires, ceux qui les possédaient les divisèrent à leur tour, afin de se créer à eux-mêmes des vassaux. Ces seigneurs devinrent peu à peu indépendants dans leurs possessions, et oublièrent qu'ils devaient respect et obéissance au souverain.

Quels furent les successeurs de Louis-le-Bègue ?

Ses fils Louis et Carloman, qui régnèrent conjointement. Ces princes donnèrent l'exemple de l'union la plus parfaite; ils firent la guerre aux Normands et à plusieurs seigneurs qui avaient entrepris de démembrer l'empire.

A qui appartenait la couronne après la mort de Louis et de Carloman ?

A Charles-le-Simple, fils posthume de Louis-le-Bègue. Ce prince étant encore au berceau, on offrit le gouvernement à Charles-le-Gros, qui était empereur d'Allemagne, dans l'espérance qu'il chasserait les Normands qui désolaient le pays. Mais, loin de répondre aux vœux de la nation, ce faible prince n'osa pas déclarer la guerre aux ennemis, et laissa le pays dans la plus affreuse détresse, pendant plus de dix-huit mois. Paris surtout ne dut son salut qu'au courage d'Eudes, son gouverneur, et de Geslin, son évêque. Les Français, indignés de la lâcheté de Charles-le-Gros, se soulevèrent, et l'empereur ayant été déposé, ils choisirent pour maître le comte Eudes, qui les gouverna avec sagesse, et les délivra de la tyrannie de leurs ennemis. Peu après il céda une partie du royaume à Charles-le-Simple, soutenu de quelques seigneurs.

DIXIÈME SIÈCLE.

Quels sont les principaux événements du dixième siècle?

Les principaux événements du dixième siècle, appelé siècle d'ignorance, sont l'établissement des Normands dans la Neustrie, la puissance absolue des grands seigneurs, les troubles qui amenèrent la chute des Carlovingiens et l'élévation des Capétiens.

Dans quel état se trouvait la nation à la mort d'Eudes?

A la mort d'Eudes, Charles-le-Simple resta seul possesseur du trône; mais les grands, profitant de sa faiblesse, prirent un nouvel ascendant et se révoltèrent contre lui. Les Normands, conduits par le fameux Rollon, profitèrent des circonstances, et s'emparèrent de la Neustrie. Charles fut détrôné par les seigneurs et mis en prison. Son fils, encore en bas âge, fut conduit en Angleterre, et ne régna que plus tard, sous le nom de Louis d'Outremer. Robert, frère d'Eudes, qui s'était emparé du pouvoir, mourut deux après. Hugues-le-Grand, son fils, aurait pu monter sur le trône; mais il aima mieux y placer Raoul, duc de Bourgogne, son beau-frère.

Quels sont les principaux événements du règne de Raoul et de ses successeurs?

Le règne de Raoul ne fut qu'une suite de révoltes et de séditions excitées par l'ambition des seigneurs. Louis d'Outremer, qui lui succéda, voulant secouer le joug des grands vassaux de la couronne, fit alliance avec Othon, empereur d'Allemagne. Cette alliance ayant déplu aux seigneurs français, ils se révoltèrent contre le roi, et le contraignirent à se retirer dans ses domaines de Laon et de Bourgogne. Lothaire, fils et successeurs de Louis d'Outremer, ayant su mettre Hugues-le-Grand et ensuite Hugues Capet, son fils, dans ses intérêts, se trouva en état de revendiquer ses droits; mais il ne sut pas profiter de ses avantages. Louis V, son fils, surnommé le Fainéant, qui lui succéda, ne régna qu'un an. Avec lui s'éteignit la race des Carlovingiens, après avoir régné de 752 à 987, et donné treize rois à la France.

ONZIÈME SIÈCLE.

Quels sont les principaux événements du onzième siècle?

Les principaux événements du onzième siècle sont le règne de Hugues Capet, fondateur de la dynastie des Capétiens, de Robert-le-

Pieux, de Henri I" et de Philippe I" ; les premières croisades, la prise de Jérusalem par les chevaliers français, et l'éclat de la chevalerie.

A qui appartenait la couronne à la mort de Louis V, dit le Fainéant ?

A Charles, duc de Lorraine et fils de Louis d'Outremer ; mais ce prince s'étant rendu odieux aux Français, la couronne fut donnée à Hugues Capet, qui devint ainsi le premier roi de la race des Capétiens, en 987. Hugues se montra digne du trône par sa modération, sa prudence et sa juste fermeté ; il rétablit l'honneur du trône et de la nation. On attribue souvent à ce prince l'établissement de la pairie, quoiqu'elle remonte à l'origine de la monarchie. On appelait *pairs* tous les hommes égaux dans le même ordre: ainsi il y eut les pairs militaires, les pairs ecclésiastiques, etc., etc., et chacun devait être jugé par ses pairs. Les pairs de France étaient les grands vasseaux qui relevaient immédiatement de la couronne de France.

Comment se divise la dynastie des Capétiens?

La dynastie des Capétiens se divise en six branches ; 1° celle des Capétiens proprement dits ; 2° la première des Valois ; 3° la première d'Orléans ; 4° la seconde des Valois ; 5° celle des Bourbons, interrompue par la révolution et le règne de Napoléon ; et 6° la seconde d'Orléans.

Quelles sont principales circonstances des règnes de Robert-le-Pieux et de Henri I" son fils?

Le règne de Robert-le-Pieux, ou père des pauvres, fils et successeur de Hugues Capet, ne fut qu'une suite de chagrins domestiques qui rejaillirent sur toute la nation. Ayant épousé Berthe sa parente, il se vit abandonné même de ses serviteurs, à cause de l'excommunication que Grégoire V avait lancée contre lui; Constance, qu'il épousa ensuite, devint pour lui un nouveau sujet de peines, et fut pour les peuples un scandale perpétuel. C'est elle qui la première ordonna contre les hérétiques ces supplices si opposés à l'esprit du christianisme.

Qu'est-ce que le règne de Henri Ier, fils et successeur de Robert, eut de remarquable?

Le règne de Henri Ier fut un des plus calamiteux pour la nation: pendant trois ans on ne recueillit ni fruits ni grains; les peuples furent réduits à manger, comme les animaux, l'herbe qui croissait dans les champs; la guerre civile, les révoltes, les assassinats devinrent si communs qu'on voyait des hommes assassiner leurs voisins en plein jour, non pour les dépouiller de leurs biens et s'emparer de quelques pièces de monnaie, mais pour les dévorer! Ces habitudes de brigandage et de meurtre durèrent encore après la fin de la disette. Quelque grande que fût alors l'influence de l'autorité de l'Eglise sur les esprits et sur les cœurs, elle fut impuissante contre d'aussi grands maux. Elle avait d'abord interdit de marcher en armes et de se faire justice à soi-même en aucun temps, et cette loi fut appelée *paix de Dieu!* On dut se borner plus tard à la *trève de Dieu*, qui défendait toute hostilité depuis le mercredi soir jusqu'au lundi matin, ainsi que les jours de fête et de jeûne.

Quel fut le successeur de Henri I:r?

Ce fut Philippe I:er, son fils. Ce prince, qui prenait le parti de tous les ennemis de Guillaume-le-Conquérant, s'étant permis une plaisanterie sur l'embonpoint de ce roi, se vit forcé de soutenir contre lui une guerre désastreuse, dont il ne fut délivré que par la mort de son adversaire.

Quel grand événement eut lieu sous Henri I:er?

C'est sous Henri I:er que commencèrent les croisades, c'est à dire les guerres contre les mahométans, qui, s'étant emparés de la Palestine, en éloignaient les chrétiens par toutes sortes de vexations.

Quelle fut l'occasion de la première croisade?

Urbain II, instruit par Pierre l'Ermite de l'état déplorable où était alors la Palestine, assembla un concile à Clermont, et y fit prêcher une guerre sainte contre les Turcs. A la voix du pontife, une multitude de Français prirent la croix, et partirent pour la terre sainte, ayant à leur tête Godefroy de Bouillon, Robert, comte de Flandre, et d'autres seigneurs. Tous ceux qui prenaient part à cette expédition portaient sur leurs vêtements une croix d'étoffe rouge, ce qui leur fit donner le nom de croisés. L'armée marcha de victoires en victoires; en peu de temps les Turcs furent chassés de la Palestine, et Godefroy nommé roi de Jérusalem. Son règne fut glorieux, ainsi que ceux de ses trois premiers successeurs; mais bientôt les Turcs reprirent peu à peu l'offensive. Malgré la valeur des Templiers et des autres ordres religieux militaires qui avaient été institués en 1187, pour la défense des saints lieux, le sultan

Saladin s'empara de Jérusalem et des autres places que les chrétiens possédaient dans ces contrées.

DOUZIÈME SIÈCLE.

Quels sont les principaux événements du douzième siècle?

Les principaux événements du douzième siècle sont: l'affranchissement des communes sous le règne de Louis-le-Gros, une nouvelle croisade prêchée par S. Bernard, sous Louis-le-Jeune, et le commencement des guerres avec l'Angleterre, qui eurent, sous les règnes suivants, de si funestes suites pour la France.

Comment l'affranchissement des communes s'opéra-t-il?

Quelques villes avaient conservé le droit qu'elles tenaient des Romains de pouvoir se choisir librement des magistrats et de se gouverner elles-mêmes, sans être soumises à aucun seigneur ou suzerain; plusieurs autres demandèrent la même faveur. Louis-le-Gros ayant favorisé de tout son pouvoir ces tendances, un grand nombre de villes secouèrent le joug du régime féodal, et, constituées en communes, elles se soumirent directement à l'autorité royale.

Henri Ier, roi d'Angleterre, voyant que Louis-le-Gros affermissait ainsi son pouvoir en s'appuyant sur les communes contre les seigneurs, lui déclara la guerre; il sut même mettre l'empereur d'Allemagne, Henri V, dans ses intérêts contre la France; mais, malgré ce puissant auxiliaire, les armées françaises furent presque toujours victorieuses.

Quels conseils Louis-le-Gros donna-t-il avant de mourir à son fils Louis-le-Jeune?

Louis-le-Gros, étant près de mourir, dit à son fils: « Mon fils, vous allez me succéder, régnez plus saintement et plus justement que moi; observez la religion de vos pères, protégez l'Eglise, les pauvres, les orphelins; la royauté est une charge que Dieu vous confie, et dont il vous demandera compte à votre mort. »

Quel fut le successeur de Louis-le-Gros?

Ce fut Louis VII, son fils, dit le Jeune (1137). Le mariage de ce prince avec Eléonore d'Aquitaine ajouta au domaine royal les provinces du Poitou, du Limousin, le duché de Gascogne et le comté de Bordeaux et d'Agen, ce qui n'empêcha pas Thibaut, comte de Champagne, de lui déclarer la guerre. Le roi le battit sur tous les points; mais, irrité contre les habitants de Vitry, qui avaient longtemps refusé de se rendre, il réduisit la ville en cendres, sans même épargner l'Eglise, où s'étaient réfugiées plus de treize cents personnes! En expiation de ce crime, le roi fit proclamer une nouvelle croisade par S. Bernard, et partit avec l'empereur Conrad pour la Palestine, laissant l'administration du royaume au sage Suger, abbé de Saint-Denis. L'expédition fut des plus malheureuses; malgré la bravoure des princes et le courage de leurs armées, presque toute la noblesse française périt victime de la trahison des Grecs, qui, sous prétexte de les conduire par des chemins sûrs, les livrèrent aux Turcs.

Cependant le roi ayant à se plaindre de la conduite d'Eléonore, fit casser son mariage avec elle, sous prétexte de parenté. Ce divorce eut des suites funestes pour la France. Eléonore épousa Henri, duc de Normandie, qui, étant devenu roi d'Angleterre, se trouva en même temps maître d'une partie de la France. Dès lors la rivalité entre les deux nations se ranima, et la lutte n'eut presque plus d'interruption.

Les écoles de Paris jouirent d'une brillante réputation sous le règne de Louis-le-Jeune. C'est aussi de son temps que fut posée, par Alexandre III, la première pierre de l'église Notre-Dame de Paris.

TREIZIÈME SIÈCLE.

Quels sont les principaux événements du treizième siècle?

Les principaux événements du treizième siècle sont les nouvelles croisades, qui eurent lieu sous le règne de Philippe II, dit Auguste; la fondation de l'empire des Latins à Constantinople; les guerres avec l'Angleterre; celles qui furent faites contre les Albigeois; le règne de S. Louis; la défaite des Français par les infidèles: les vêpres siciliennes sous Philippe-le-Hardi.

Quels sont les faits les plus remarquables du règne de Philippe II?

Philippe II, les armes à la main, força les

Anglais de quitter le territoire français qu'ils envahissaient; puis, voulant replacer sur le trône de Jérusalem Lusignan, que Saladin avait renversé, il établit, pour subvenir aux frais de la guerre, une imposition qui fut appelée la dîme saladine; il s'unit ensuite à Richard Ier Cœur-de-Lion, roi d'Angleterre, et à Frédéric Barberousse, empereur d'Allemagne, pour une nouvelle croisade. Frédéric mourut en Asie, et peu après la mésintelligence s'étant mise entre les deux autres souverains, Philippe repassa en France, et déclara la guerre à Richard; mais ayant été défait, il fut obligé de conclure une trêve.

Jean-Sans-Terre étant monté sur le trône d'Angleterre, appela l'empereur Othon à son secours contre la France, qui soutenait Arthur, fils de Richard; mais malgré cette coalition Philippe gagna la fameuse bataille de Bouvines. Philippe II s'occupa beaucoup de l'embellissement de Paris, il en fit paver les rues, y fit construire des marchés, des halles, etc.

Dites quelque chose de l'établissement de l'empire des Latins à Constantinople.

Le pape Innocent III ayant fait prêcher une nouvelle croisade par Foulques, curé de Neuilly, un grand nombre de Français prirent de nouveau la croix et partirent pour la Palestine. Ayant éprouvé quelques exactions de la part de l'empereur de Constantinople, ils lui firent la guerre, le détrônèrent, et mirent Baudoin, un de leurs principaux chefs, à sa place. L'expédition n'eut pas d'autre résultat.

Que sait-on de Louis VIII?

Louis VIII, qui fut surnommé Cœur-de-Lion à cause de son grand courage, eut de grands avantages sur Henri III, roi d'Angleterre, et lui enleva le Limousin, le Périgord, le pays d'Aunis, etc., etc. Mais il abandonna le cours de ces conquêtes pour faire la guerre aux Albigeois, hérétiques de la province d'Alby.

Quel fut le règne le plus remarquable de la première branche des Capétiens?

Celui de S. Louis : ses vertus l'ont fait placer au nombre des saints. Ce prince n'ayant que onze ans lorsqu'il succéda à son père, la régence fut confiée à la reine Blanche, sa mère. Parvenu à l'âge de majorité, il soumit le comte de La Marche, qui s'était révolté contre lui, et remporta sur les Anglais les fameuses batailles de Saintes et de Taillebourg, où il fit un butin immense, ayant enlevé tout le bagage de l'armée ennemie et même les bijoux de Henri III, qui commandait en personne. Louis étant tombé malade, fit vœu d'aller au secours des chrétiens de la Terre-Sainte, et s'embarqua pour cet effet à Aigues-Mortes; fait prisonnier par suite de la bataille de la Massoure, il rendit Damiette pour sa rançon, et paya celle des prisonniers français. Ce bon prince mourut de la peste devant Tunis, qu'il assiégeait, en se rendant en Palestine pour une seconde expédition. On doit à S. Louis un grand nombre de fondations, entre autres celle des Quinze-Vingts, en faveur de trois cents soldats à qui les infidèles avaient fait crever les yeux.

Qui est-ce qui succéda à S. Louis?

Son fils, Philippe III, dit le Hardi. C'est sous le règne de ce prince qu'eut lieu le massacre connu sous le nom de *Vêpres siciliennes.*

Faites le récit abrégé de cet événement.

Charles d'Anjou, frère de S. Louis, avait été investi du royaume de Sicile et de Naples; mais sa dureté l'ayant fait détester par les habitants, ceux-ci résolurent de massacrer tous les Français; le son des cloches qui, le lundi de Pâques de l'an 1282, devait appeler les fidèles à l'église, fut pris pour signal du carnage, auquel très peu de Français échappèrent. Philippe-le-Hardi, voulant venger ses compatriotes, marcha contre Pierre d'Aragon, accusé d'avoir conseillé le massacre; mais il obtint peu de succès et mourut bientôt après.

QUATORZIÈME SIÈCLE.

Quels sont les événements les plus remarquables du quatorzième siècle?

Les événements les plus remarquables du quatorzième siècle sont: les guerres entre la France et l'Angleterre; le règne de Philippe-le-Bel; l'avénement des Valois dans la personne de Philippe VI; le règne malheureux de Jean-le-Bon et celui de Charles V, dit le Sage.

Comment Philippe-le-Bel signala-t-il le commencement de son règne?

Philippe-le-Bel, déjà roi de Navarre par son mariage avec Jeanne de Navarre, ayant été proclamé roi de France, prit la Guyenne sur Édouard Ier, roi d'Angleterre. Ayant ensuite déclaré la guerre aux Flamands, il perdit la bataille de Courtrai, où périrent une multitude de gentilshommes, entraînés par une ardeur imprudente. Peu après il prit sa revanche en remportant la célèbre victoire de Mons-en-Puelle. De concert avec Clément V, il abolit l'ordre des Templiers dans ses états, où ils s'étaient retirés après la prise de la Palestine et de l'île de Rhodes par les musulmans; il força aussi les juifs à quitter la France. Philippe-le-Bel est le premier roi de France qui ait réuni les états généraux.

Qui est-ce qui succéda à Philippe-le-Bel?

Ses trois fils; Louis X, surnommé le Hutin, Philippe V, dit le Long, et Charles-le-Bel, montèrent successivement sur le trône. Charles de Valois exerça la plus grande autorité sous le règne de Louis X; il fit augmenter les impôts, vendit les charges judiciaires, et rappela les juifs moyennant une contribution qu'il leur fit payer. Louis X permit aux serfs royaux de racheter leur liberté, en disant que *suivant le droit de la nature chacun doit naître franc.*

Peu après le couronnement de Philippe-le-Long, plusieurs provinces furent affligées d'une cruelle mortalité; les juifs, accusés d'avoir fait empoisonner les puits et les fontaines, furent de nouveau chassés de France et dépouillés de leurs richesses. Charles IV, dit le Bel, étant monté sur le trône, fit la guerre aux Anglais, leur prit plusieurs villes; mais, plein de justice et d'équité, il les rendit ensuite. Par le même motif, et pour ne pas rallumer le feu de la guerre, il refusa la couronne impériale, que lui fit offrir le pape Jean XXII. Avec lui s'éteignit la première branche des Capétiens, qui avait régné de 987 à 1328, et donné quatorze rois.

Quel fut le premier roi de la branche des Valois, seconde des Capétiens ?

Ce fut Philippe VI, dit de Valois, descendant de S. Louis.

Que sait-on de plus remarquable du règne de Philippe de Valois ?

Le règne de Philippe de Valois fut signalé par de grands événements. D'abord ses troupes de terre gagnèrent une mémorable victoire sur les Flamands révoltés ; mais son armée navale fut défaite par les Anglais, au combat de l'Écluse. Peu après, il perdit la bataille de Crécy, où périrent une multitude de gentilshommes français. Par suite de cette victoire, Edouard III, roi d'Angleterre, se vit maître d'une partie de l'Artois, et en particulier de la ville de Calais. Une épidémie jusqu'alors sans exemple vint se joindre aux malheurs de la guerre et aux désastres d'une horrible famine.

Qui est-ce qui succéda à Philippe de Valois ?

Ce fut Jean, surnommé le Bon, son fils ; ce prince ayant surpris Charles-le-Mauvais, roi de Navarre, qui ravageait la France, le fit mettre en prison. Alors quelques mécontents, profitant de l'occasion, embrassèrent le parti de Charles, et continuèrent d'agiter l'état.

Edouard, roi d'Angleterre, croyant le moment favorable, déclara de nouveau la guerre à la France, et s'avança vers Poitiers. L'ardeur de l'armée française la précipita dans le malheur ; elle fut défaite, et le roi Jean tomba entre les mains de l'ennemi. Alors Charles-le-Mauvais sortit de prison, se joignit aux Flamands et aux Anglais, et en peu de jours la

France se vit presque entièrement envahie par de puissantes armées; Paris même ne dut son salut qu'à la valeur de ses habitants, commandés par Marcel, prévôt des marchands.

Le traité de Brétigny rendit la liberté au roi; mais n'ayant pu payer toute sa rançon, et apprenant que son fils, qui était en otage en Angleterre, s'était enfui, il se remit volontairement entre les mains du vainqueur, disant que *quand même la bonne foi serait bannie du reste de la terre, on devrait la retrouver dans le cœur et dans la bouche des rois.*

Qui est-ce qui gouverna la France pendant la détention de Jean-le-Bon?

Son fils, Charles V, surnommé le Sage. Ce prince, qui prit le titre de roi après la mort de son père, aidé du fameux Duguesclin, défit Pierre-le-Cruel, roi de Castille, battit plusieurs fois les Anglais, et reprit sur eux un grand nombre de villes et de provinces qu'ils avaient envahies sous le règne de ses prédécesseurs. Il protégea le commerce, l'agriculture et les sciences; fit construire la Bastille et les châteaux de Vincennes et de Saint-Germain. Ce bon prince disait souvent: *Je ne trouve les rois plus heureux que les autres hommes, que parcequ'ils ont plus de pouvoir de faire le bien.*

QUINZIÈME SIÈCLE.

Quels sont les événements les plus remarquables du quinzième siècle?

Les divisions des seigneurs entre eux, qui préparent la fin de la féodalité; le règne malheureux de Charles VI; l'envahissement de presque toute la France par les Anglais; les victoires de Jeanne d'Arc sous Charles VII, et le règne de Louis XI.

Quel fut le successeur de Charles-le-Sage?

Son fils, Charles VI. Ce prince ayant perdu la raison, ses oncles, les ducs de Bourgogne et de Berri, se disputèrent l'administration des affaires, et bientôt la France fut plongée dans tous les malheurs qui résultent d'une guerre civile. Henri V, roi d'Angleterre, profitant de ces tristes circonstances, s'empara de presque toutes les places importantes, et se fit déclarer régent et héritier présomptif de la couronne de France. Le jeune dauphin s'était retiré à Bourges avec le peu de troupes qui lui étaient restées fidèles. A la mort de Charles VI, Henri VI fut proclamé à Paris roi de France et d'Angleterre, par une faction qui s'était vendue à lui.

Le dauphin, Charles VII, devenu roi, faisait d'inutiles efforts pour repousser les Anglais, lorsque Jeanne d'Arc, jeune bergère de la Lorraine, lui fut présentée comme ayant reçu du ciel l'ordre et le pouvoir de délivrer la France. Sous ses ordres les troupes de Charles battirent les Anglais d'abord à Orléans, et ensuite sur presque tous les points de la France jusqu'à Reims, où elle conduisit le roi, appelé depuis Charles-le-Victorieux, pour le faire sacrer. Jeanne voulut alors se retirer; mais elle s'était rendue trop nécessaire, et le roi voulut la retenir.

Peu après elle tomba entre les mains des Anglais, qui se couvrirent à jamais de honte en la condamnant à une mort atroce qu'elle subit avec une résignation toute chrétienne (en 1431).

Quelle fut la conduite de Louis XI, fils et successeur de Charles VII?

Louis XI fut un des plus habiles rois qu'ait eus la France; mais il avait le cœur aussi corrompu que son esprit était vaste et entreprenant. Le fond de son caractère était la dissimulation; il eut plusieurs guerres à soutenir, et il s'en tira avec succès par la ruse et la fourberie; ses cruautés et ses injustices le rendirent odieux. Ce prince rendit cependant de grands services à la nation en portant le dernier coup au régime féodal, et en agrandissant le royaume par l'acquisition de belles provinces; il établit le service des postes, mit un terme à l'altération des monnaies, et affermit l'autorité des juges inamovibles.

Que sait-on de Charles VIII, fils de Louis XI?

Charles VIII n'ayant que treize ans à la mort de son père, l'administration fut confiée à Anne de France, sa sœur. Le duc d'Orléans, depuis Louis XII, irrité de ce choix, prit les armes; mais il fut défait par la Trémouille. Charles, ayant atteint l'âge de majorité, prit les rênes de l'Etat, se réconcilia avec le duc d'Orléans, et ayant conclu la paix avec l'Angleterre, l'Autriche et l'Espagne, il partit pour l'Italie dans le dessein de faire valoir ses prétentions sur le royaume de Naples. Il réussit d'abord au delà de ses espérances; mais peu après la jalousie des princes voisins le força d'abandonner sa conquête.

Rendu à l'administration de ses états, Charles VIII s'acquit une gloire véritable par les efforts qu'il fit pour rendre ses sujets heureux;

il aimait comme S. Louis à rendre la justice par lui-même; il écoutait tout le monde, mais il avait de la prédilection pour les pauvres.

Ce prince étant mort sans enfants, avec lui finit la seconde branche des Capétiens, première des Valois.

Quel fut le successeur de Charles VIII?

Ce fut Louis XII, duc d'Orléans et arrière-petit-fils de Charles V.

Quels sont les principaux événements du règne de Louis XII?

Le commencement du règne de Louis XII fut signalé par d'utiles réformes, qui lui firent donner le nom de père du peuple. Voulant revendiquer ses droits sur Naples et le Milanais, il partit pour l'Italie, et gagna la bataille d'Agnadel sur les Vénitiens. Maximilien d'Autriche, Henri VIII, roi d'Angleterre, Ferdinand le Catholique, roi d'Espagne, le pape Jules II, les Suisses et les Vénitiens, irrités de ces succès, se liguèrent contre la France; mais ils furent défaits aux journées de Bologne, de Brescia et de Ravennes, où périt, à l'âge de vingt-trois ans, Gaston de Foix, neveu du roi, qui s'y était immortalisé. C'est alors que parut le fameux Bayard, surnommé le chevalier sans peur et sans reproche (1511). L'empire et l'Angleterre réunis eurent leur revanche à la journée de Guinegate, connue sous le nom de journée des éperons. Cependant, au moyen d'habiles négociations, Louis parvint à désunir ses ennemis, et le traité de Londres (1514) fit renaître la tranquillité de l'Etat. La mort de Louis XII plongea tout le peuple dans la douleur; chacun pleurait en lui un père. Avec lui commença et finit la première branche d'Orléans.

SEIZIÈME SIÈCLE.

Quels sont les principaux événements du seizième siècle?

Les principaux événements du seizième siècle sont les guerres de François Ier, chef de la seconde branche des Valois ou quatrième des Capétiens; les guerres civiles et les troubles qui eurent lieu sous ses successeurs Henri II, François II, la Saint-Barthélemi sous Charles IX, et le règne glorieux de Henri IV.

Quels sont les principaux événements du règne de François Ier?

François Ire, voulant reprendre le Milanais, fit de grands préparatifs, et partit pour cette expédition. Les Suisses l'ayant attaqué, il remporta sur eux la célèbre victoire de Marignan; mais il ne fut pas toujours aussi heureux. Il perdit plusieurs batailles, entre autres celle de Rebec, où fut tué le brave chevalier Bayard. Le trône impérial étant venu à vaquer par la mort de Maximilien, quelques électeurs jetèrent les yeux sur François Ier; mais Charles-Quint lui fut préféré, et dès lors ces deux princes se firent une guerre cruelle.

Fait prisonnier à la bataille de Pavie, François Ier ne recouvra sa liberté que pour recommencer la guerre. Pendant qu'il gagnait la bataille de Cerizoles, les Anglais s'emparaient du nord de la France, et Charles-Quint attaquait la Champagne. Le traité de Crepy-en-Valois suspendit pour quelque temps le cours des hostilités. Peu après François Ier mourut à Rambouillet. Ce prince guerrier fut aussi le *père des lettres.*

C'est de son temps que Luther et Calvin se séparèrent de l'Eglise romaine, et établirent le protestantisme.

Que sait-on du règne de Henri II, fils et successeur de François 1er?

Henri II continua les guerres commencées par son père; il défit les impériaux à la bataille de Renti, et s'empara de la Lorraine. Peu après il fut défait à Saint-Quentin et à Gravelines, ce qui ne l'empêcha cependant pas d'enlever aux Anglais la ville de Calais, qu'ils possédaient depuis près de deux siècles.

Quels furent les successeurs de Henri II?

Ses trois fils, François II, Charles IX et Henri III.

Dites-nous quelque chose du règne de François II?

Quoique le règne de François II n'ait été que d'un an, il vit cependant éclore tous les maux que causèrent ces guerres dont la religion fut le prétexte, mais l'ambition des grands seigneurs le vrai motif. Antoine de Bourbon, devenu roi de Navarre, et Louis de Condé, mécontents de voir la reine-mère Catherine de Médicis régente du royaume, se liguèrent avec l'amiral Coligny contre son gouvernement, que soutenaient les Guise, chefs du parti catholique. François n'échappa qu'avec peine à la conspiration d'Amboise, où les princes ligués voulaient se saisir de sa personne. Le roi mourut au moment où Condé allait expier cet attentat, et peu après, son épouse Marie-Stuart, héritière du royaume d'Ecosse, périt sur l'échafaud par ordre de la cruelle Elisabeth, reine d'Angleterre.

Quels sont les principaux événements du règne de Charles IX?

Charles IX, monté sur le trône après la mort de François II, son frère, fut sans cesse en butte aux menées des différents partis qui se disputaient le pouvoir : Catherine de Médicis, sa mère, régente, et Antoine de Bourbon, lieutenant du royaume, d'un côté; le connétable de Montmorency, le duc de Guise et le maréchal de Saint-André d'un autre; enfin Condé et Coligny à la tête des protestants formaient un troisième parti également ennemi des deux premiers. Ce fut entre ces différents rivaux qu'eurent lieu les batailles, 1° de Dreux, gagnée par Guise, qui commandait en second sous Montmorency; 2° celle de Saint-Denis, où les royalistes, commandés par Henri, duc d'Anjou, remportèrent la victoire sur Condé; 3° celle de Jarnac, gagnée par le même duc Henri sur Condé, qui y fut tué; 4° celle de Roche-Abeille, gagnée par les protestants; 5° celle de Montcontour, où le duc d'Anjou, secondé par de Guise et Tavannes, défit les protestants commandés par Coligny, qui y fut blessé. Avant ces différentes batailles et dans les courts intervalles de trève, on avait eu recours à des mesures de conciliation; mais malgré ces tentatives, qui ne parurent pas toujours faites de bonne foi, malgré le colloque de Poissy, le désordre allant toujours croissant, la cour résolut d'y mettre fin en ayant recours à un moyen atroce. Elle obtint du roi l'ordre de massacrer tous les protestants. Le carnage, commencé à Paris le jour de la Saint-Barthélemy, continua les jours suivants; il fut presque général dans les provinces du royaume. Néanmoins, quelques gouverneurs, tels que ceux de Lyon, du Dauphiné, de la Provence, de la Bourgogne, et nommément le comte d'Orthez, gouverneur de Bayonne, et l'évêque de Lisieux refusèrent d'obéir, supposant que de pareils ordres ne pouvaient émaner de la libre volonté du roi; on porta le nombre des victimes à cinq mille pour Paris et trente mille pour les provinces.

Charles IX mourut dévoré de remords deux ans après le massacre de la Saint-Barthélemy.

Ce règne fécond en désastres et en forfaits, vit néanmoins, par les efforts du chancelier de l'Hôpital, de sages réformes s'introduire dans l'administration, dans les tribunaux et dans les lois.

Dites-nous quelque chose du règne de Henri III?

Après la mort de Charles IX, Henri III, que sa valeur avait fait élire roi de Pologne, revint en France et prit possession du trône.

Les Guise le soutinrent d'abord, mais ils l'abandonnèrent ensuite pour former, sous la direction de Henri-le-Balafré, le parti des ligueurs; le conseil du roi embrassa celui des amis de l'ordre et de la paix, que l'on nomma les *Politiques*, et les amis de Henri, roi de Navarre, formèrent le parti des protestants, nommés aussi *huguenots*. Les Espagnols s'unirent aux ligueurs, et les Allemands aux protestants. Dès lors le sang recommença à couler; dans cette guerre, qu'on appela *la guerre des trois Henri*, Henri de Navarre gagna la bataille de Coutras sur les ligueurs; ceux-ci, commandés par le duc de Guise, défirent les Allemands à Vimori, et se rendirent maîtres de Paris, à la journée des barricades. Mais bientôt le duc de Guise et le cardinal son frère, ayant été massacrés à Blois par ordre du roi, qui redoutait leur influence. Mayenne, leur jeune frère, soutenu par la ligue et la faction des *seize*, qui s'était formée à Paris, fut proclamé lieutenant général du royaume, et peu après le roi fut lui-même assassiné par Jacques Clément. La mort de Henri III mit fin à la branche des Valois, quatrième des Capétiens.

Elle fut remplacée sur le trône par celle des Bourbons.

Quel fut le premier roi de la branche des Bourbons, cinquième des Capétiens?

Ce fut Henri IV, fils d'Antoine de Bourbon, descendant de S. Louis. Ce prince se trouvait légitime héritier de la couronne à la mort de Henri III. Le protestantisme, dont il faisait profession, fut pour les ligueurs un motif de l'éloigner du trône; mais il les vainquit dans les batailles d'Arques, d'Ivry et d'Epernay. Son abjuration, faite à Saint-Denis lui mérita la confiance des catholiques, et ils lui ouvrirent les portes de la capitale, dont il avait plusieurs fois, mais inutilement, fait le siége. Henri IV étant maître de l'Etat, le gouverna avec une grande bonté et une sagesse admirable. Il confia l'administration au célèbre Sully et à d'autres ministres dignes de sa confiance, et s'occupa constamment du bonheur des Français. Quoique ce bon roi se fût toujours montré le père de son peuple, il fut cependant assassiné par l'infâme Ravaillac, dans la rue de la Féronnerie, à Paris.

Henri IV fit construire le Pont-Neuf, la longue galerie du Louvre et la façade de l'Hôtel-de-Ville.

DIX-SEPTIÈME SIÈCLE.

Quels sont les événements les plus remarquables du dix-septième siècle ?

Les événements les plus remarquables du dix-septième siècle sont les dernières guerres de religion sous Louis XIII, le grand et glorieux règne de Louis XIV, qui a donné son nom à ce siècle, l'honneur de la littérature française.

Quels sont les principaux événements du règne de Louis XIII dit le Juste ?

Louis XIII n'ayant que neuf ans à la mort de Henri IV, son père, la régence fut confiée à Marie de Médicis, sa mère, qui changea tout le système de gouvernement, et renvoya les anciens ministres. Elle plaça à la tête des affaires le florentin Concini, qu'elle nomma maréchal d'Ancre. Ce choix fut peu agréable à la nation. Condé et plusieurs autres seigneurs, jaloux de l'autorité du premier ministre, unirent leurs efforts et obtinrent l'exil de la régente ; son favori fut massacré.

Richelieu, parvenu au ministère, fit poursuivre les protestants, prit après un long siège La Rochelle, devenue leur boulevart et le foyer de toutes les révoltes. Richelieu ne se montra pas moins redoutable aux seigneurs qui s'efforçaient d'affaiblir l'autorité royale. Plusieurs exécutions qui eurent lieu sans considération du rang des conspirateurs contribuèrent à rétablir la paix à l'intérieur, ce qui permit de faire quelques guerres glorieuses et d'acquérir de nouvelles provinces.

Richelieu continua de gouverner jusqu'à sa mort malgré la jalousie de ses rivaux. Le roi ne lui survécut que de quelques mois.

C'est sous le règne de Louis XIII que le Palais-Royal et celui du Luxembourg furent bâtis; que la statue de Henri IV fut placée sur le Pont-Neuf et celle de Louis XIII à la place Royale, etc.; que l'Académie française fut fondée par Richelieu. A cette époque S. Vincent de Paul fonda ses établissements.

Quel fut le règne le plus glorieux de la dynastie des Bourbons?

Ce fut celui de Louis XIV, fils de Louis XIII. Ce prince n'ayant que cinq ans lorsqu'il monta sur le trône, la régence fut confiée à Anne d'Autriche, sa mère, et le ministère au cardinal Mazarin. Les victoires qui signalèrent l'avénement de Louis XIV furent celles de Rocroy, de Fribourg, de Nordlingue et de Lens, toutes gagnées par les troupes françaises que commandait Condé. Turenne avait aussi des succès en Allemagne: la paix de Westphalie termina ces triomphes. Ces heureux commencements furent troublés par les guerres de la Fronde, qu'excitèrent les membres du parlement, soutenus par le prince de Condé, le cardinal de Retz et plusieurs autres seigneurs de la cour, tous ennemis jurés du cardinal Mazarin, qu'ils firent enfin renvoyer. Le roi, devenu majeur, battit les Espagnols et termina cette guerre par la paix des Pyrénées et son mariage avec Marie-Thérèse, infante d'Espagne. Peu après, Philippe son petit-fils, fut appelé au trône d'Espagne, ce qui ralluma la guerre. Le roi eut alors à lutter contre presque toute l'Europe; mais ses plus redoutables ennemis étaient le fameux prince Eugène, commandant les troupes d'Allemagne et Marlborough à la tête des Anglais. Louis triompha longtemps, et reçut le nom de Grand. Mais enfin la France, épuisée d'hommes et d'argent, fut humiliée par ses ennemis, qui remportèrent les victoires de Turin, de Malplaquet, etc., et ce ne fut que vers la fin de ses jours que Louis XIV, à la suite de la victoire de Denain, gagnée par Villars, rendit à la France une partie de sa gloire.

On doit à Louis XIV l'Hôtel des Invalides, la place Vendôme, le palais de Versailles, ceux du grand et du petit Trianon, celui de Meudon, la machine de Marly, construite pour conduire l'eau de la Seine à Versailles, etc. Le règne de Louis XIV a été le plus glorieux de la monarchie sous le rapport des lettres, des sciences, des arts et des grands hommes qu'il a produits (1643-1715).

DIX-HUITIÈME SIÈCLE.

Quels sont les principaux événements du dix-huitième siècle?

Le dix-huitième siècle a été fertile en grands événements: les principaux sont la régence du duc d'Orléans, le règne de Louis XV, le règne et la mort de Louis XVI et la révolution de 1792.

Quel fut le successeur de Louis XIV?

Ce fut Louis XV, son arrière petit-fils, qui, comme lui, parvint au trône à l'âge de cinq ans.

Le duc d'Orléans, régent du royaume, voulant réparer le désordre des finances, chargea l'Écossais Law de cette importante mission: celui-ci présenta le système des emprunts comme un moyen efficace; mais loin de réussir, il augmenta considérablement le déficit, et acheva de ruiner le commerce. Ce fut vers cette époque que la peste porta la désolation dans la ville de Marseille; Belzunce, évêque de cette ville, se distingua en cette occasion par un dévouement héroïque.

Bientôt la France s'engagea dans diverses guerres, 1° celle d'Allemagne, en faveur de Stanislas Leczinski, beau-père de Louis XV; 2° celle de la succession d'Autriche, contre Marie-Thérèse, à qui l'empereur Charles VI avait laissé ses états; 3° la guerre de sept ans contre la Prusse et l'Angleterre.

La France gagna à diverses époques les batailles de Parme, de Dettingue, de Fontenoy, de Minden, de Berghen, etc., où se distinguèrent le prince de Brunswick, le duc de Broglie et les maréchaux de Saxe et de Belle-Isle; mais elle perdit dans les Indes, en Afrique et en Amérique des possessions immenses et presque toute sa marine, malgré la valeur de Duquesne et l'adresse du célèbre Duplex, gouverneur de Pondichéri. Le traité de Paris mit le comble à l'humiliation de la France, et l'augmentation des impôts qui en fut la suite, jointe à la disette qui eut lieu à cette époque, vinrent encore aggraver ses malheurs. L'avenir paraissait effrayant; la dépravation des mœurs, que l'exemple du roi semblait malheureusement autoriser, favorisait l'esprit d'insubordination qui se manifestait de toutes parts.

Quels sont les principaux événements du règne de Louis XVI?

Louis XVI, petit-fils de Louis XV, donna dès les premières années de son règne des preuves du désir qu'il avait de rendre le peuple heureux : il supprima la servitude personnelle dans ses domaines, abolit la torture, et rappela, selon le vœu de la nation, les parlements qui avaient été exilés sous le règne de son prédécesseur.

Le premier événement remarquable du règne de Louis XVI fut la guerre d'Amérique. Les colonies anglaises avaient proclamé leur indépendance, et Louis XVI l'avait reconnue. Les Anglais irrités déclarèrent la guerre à la France. Cette guerre ne fut pas sans éclat pour la France : sa marine, ruinée sous Louis XV, mais réparée par Louis XVI, eut souvent des avantages ; enfin, après des alternatives de succès et de revers, le résultat d'une guerre de cinq ans fut pour les Anglais la perte de leurs colonies d'Amérique, et pour les Français celle de leurs établissements aux Indes orientales. Les finances des deux peuples se trouvèrent également épuisées. Par le traité de Versailles, qui termina cette guerre en 1783, toutes les puissances reconnurent l'indépendance des Américains.

Différents ministères s'étaient succédé sans avoir réparé le désordre des finances ; l'inquiétude était générale, et le royaume agité de toutes parts. Louis, espérant rétablir la tranquillité, convoqua, en 1789, les états généraux, composés des trois ordres : le clergé, la noblesse et le tiers-état ; mais les premières difficultés qui se présentèrent ayant fait naître la défiance entre les membres de l'assemblée, il leur fut impossible de s'entendre sur les moyens à prendre pour remédier aux maux de la France.

Le 14 juillet 1789, une violente insurrection éclata dans la capitale: les arsenaux furent envahis, les barrières brûlées et la Bastille démolie. Plus tard, dans les journées des 5 et 6 octobre, le peuple se porta en foule au château de Versailles, et massacra les gardes du corps qui en défendaient l'entrée. La famille royale fut obligée de se rendre à Paris; l'assemblée, qui dès ses premières séances avait pris le nom de *Constituante,* et avait employé ses efforts pour donner à la France une nouvelle constitution politique, se rendit aussi dans la capitale.

Les principaux décrets de l'assemblée constituante furent la division de la France en départements, l'établissement du jury, la création des assignats, la liberté de la presse et celles des opinions religieuses, la suppression des couvents et celle des titres de noblesse et des droits féodaux.

A cette époque un grand nombre de nobles et d'ecclésiastiques quittèrent la France, où ils croyaient leurs jours en danger; le roi essaya aussi de passer à l'étranger avec sa famille; mais il fut arrêté à Varennes et ramené à Paris. Peu après il fut enfermé dans la tour du Temple.

Les membres de l'assemblée, ne pouvant plus s'entendre sur les moyens à prendre pour l'administration de l'état, se divisèrent en un grand nombre de fractions, et pendant que les uns étaient amenés à faire de nouvelles concessions dans l'espérance de pouvoir rétablir la tranquillité, les autres se renversaient successivement. Presque tous les partis se détruisirent mutuellement, et les plus marquants de leurs membres périrent sur l'échafaud. Le roi lui-même fut exécuté le 21 janvier 1793; la reine eut le même sort, et le dauphin leur fils mourut en prison.

L'arrivée des puissances étrangères sur les frontières de la France acheva d'exaspérer les esprits, surtout lorsque le bruit public apprit que les Français émigrés s'étaient joints à elles. L'insurrection de la Bretagne et de la Vendée se poursuivaient avec une nouvelle ardeur; celle de Lyon et de Toulon ne furent pas moins désastreuses.

A l'assemblée constituante avait succédé l'assemblée législative, pour faire place à son tour à la convention, qui avait proclamé la république et condamné Louis XVI à la mort. Le gouvernement du directoire s'était établi sur les ruines de la convention.

Pendant que l'intérieur de la France était ainsi livré à l'anarchie et que les partis continuaient à s'immoler réciproquement, les armées françaises se couvraient de gloire sur les frontières et prenaient l'offensive sur toutes les puissances coalisées.

Tel était l'état de la France lorsque Napoléon, après s'être distingué en Egypte comme il l'avait fait à la tête de l'armée d'Italie, reparut en France en s'empara du pouvoir.

DIX-NEUVIÈME SIÈCLE.

Quels sont les principaux événements du dix-neuvième siècle?

Les principaux événements du dix-neuvième siècle sont: le règne de Napoléon, ses guerres contre toutes les puissances de l'Europe; le retour des Bourbons en France, ou la restauration, la révolution de 1830 et celle de 1848.

Quels sont les principaux événements du règne de Napoléon ?

Napoléon, proclamé empereur le 18 mai 1804, fut sacré à Paris, par Pie VII, le 2 décembre suivant. Bientôt il fit la campagne d'Autriche, qui ne fut qu'un enchaînement de victoires; il gagna ensuite la fameuse bataille d'Austerlitz contre la Russie et l'Autriche coalisées.

Par suite des nouvelles victoires qu'il remporta, il se vit en état de donner des couronnes à ses frères: à Joseph, celle de Naples; à Louis, celle de Hollande; à Jérôme, il créa le royaume de Westphalie. Marchant contre la Prusse, il est vainqueur à Iéna et à Lubeck, et fait son entrée à Berlin le 6 novembre 1806. Les victoires d'Eylau et de Friedland amenèrent le traité de Tilsitt, qui eut lieu entre la France, la Prusse et la Russie, et qui était hostile à l'Angleterre.

Il força, en 1808, le roi d'Espagne d'abdiquer la couronne, et la donna à son frère Joseph, après avoir placé Murat, son beau-frère, sur le trône de Naples.

Pendant que la guerre qu'il avait à soutenir en Espagne se poursuit avec des alternatives heureuses et malheureuses, Napoléon gagna les batailles de Ratisbonne, d'Essling, de Wagram, dont la conséquence fut son mariage avec l'archiduchesse Marie-Louise d'Autriche.

La campagne de Russie (1811 et 1812) fut d'abord glorieuse; mais le froid et le manque de vivres plongèrent l'armée dans la détresse la plus complète : forcés à la retraite dans la saison la plus rigoureuse, la plupart des soldats périrent d'épuisement et de froid.

Les puissances étrangères s'étant coalisées, suivirent de près les débris de l'armée française et envahirent bientôt la France. Les avantages que Napoléon eut encore à Montereau, à Troyes, à Bar, etc., ne purent empêcher les princes alliés de s'emparer de la capitale. Napoléon fut déclaré déchu de la couronne, qui fut transférée à Louis XVIII, frère de Louis XVI.

Quels sont les principaux événements du règne de Louis XVIII?

Louis XVIII fit son entrée à Paris le 3 juin 1814, et donna la charte constitutionnelle en établissant le gouvernement représentatif en France. Neuf mois après, Napoléon quittant l'île d'Elbe, où il avait été relégué, reparut en France, et, favorisé par les troupes et les efforts de ses amis, il arriva à Paris sans rencontrer aucun obstacle. Louis XVIII se retira à Gand avec les siens.

Cependant les puissances alliées s'opposant au rétablissement de Napoléon, lui déclarèrent la guerre. Après la malheureuse bataille de Waterloo, Napoléon se vit encore contraint de renoncer à la couronne, et fut conduit par les Anglais à l'île Sainte-Hélène, où il mourut le 5 mai 1821. Louis XVIII revint à Paris, où il régna jusqu'en 1824. Il mourut sans enfants à l'âge de soixante-huit ans. Son frère, le comte d'Artois, lui succéda sous le nom de Charles X.

Quels sont les principaux événements du règne de Charles X?

Charles X monta sur le trône à l'âge de soixante-sept ans, il fut sacré à Reims.

La colonie française d'Haïti était depuis longtemps un théâtre de révoltes, les nègres parvinrent à repousser les troupes françaises ; et Boyer, l'un des chefs révoltés, étant demeuré seul maître, l'île se constitua en république. En 1825, Charles X reconnut l'indépendance d'Haïti, moyennant une indemnité de 150 millions de francs.

Depuis 1821, les Grecs cherchaient à se soustraire à la domination ottomane; en 1827, les flottes combinées de la France, de l'Angleterre et de la Russie, remportèrent sur les Turcs la victoire de Navarin; l'année suivante, le général Maison occupait la Morée, et la Grèce était indépendante.

Le dey d'Alger ayant insulté le consul français, Charles X envoya contre lui une armée considérable, sous la conduite du général Bourmont, ministre de la guerre. Les ennemis furent d'abord culbutés à Sidi-Ferruch ; quelque temps après, le fort l'Empereur fut enlevé et le lendemain, 5 juillet 1830, Alger capitula et se rendit. Le dey se retira en Europe ; et son trésor, riche de cinquante millions, indemnisa la France des frais de la guerre. La régence d'Alger est devenue la plus belle des colonies françaises.

Quelques jours après la conquête d'Alger, Charles X lança les fameuses ordonnances du 25 juillet, qui amenèrent la *révolution* dite *de Juillet* : on se battit pendant trois jours (27, 28 et 29 juillet); par suite de cette lutte, Charles X et son fils abdiquèrent successivement en faveur du duc de Bordeaux; mais la chambre des Députés refusa de ratifier cette disposition, et le 9 août, le duc d'Orléans fut proclamé *roi des Français*, sous le nom de Louis-Philippe Ier. Charles X s'embarqua à Cherbourg pour se rendre à Holy-Rood, près d'Édimbourg; de là il passa à Prague, et enfin à Goritz (Illyrie), où il mourut en novembre 1836, à l'âge de quatre-vingts ans.

Quels sont les principaux événements du règne de Louis-Philippe?

Le commencement du règne de Louis-Philippe coïncide avec de grandes révolutions : la Belgique se sépare de la Hollande, la Grèce reçoit un roi de la maison de Bavière; la Pologne essaie de secouer le joug de la Russie; l'ordre est troublé en Espagne, en Allemagne, en Italie, au Brésil, etc. Des troubles se manifestent de même en France, surtout à Lyon et à Paris. Cette dernière ville fut témoin, en 1831, de la profanation de l'Église Saint-Germain-l'Auxerrois, et de la dévastation de l'Archevêché.

Cette époque est encore remarquable par les ravages du choléra.

A la suite des désordres des 5 et 6 juin 1842, Paris fut déclaré en état de siège jusqu'au 29 du même mois.

Vers cette époque les armées françaises entrèrent dans la Belgique, pour la soutenir contre les Hollandais, auxquels ils prirent la citadelle d'Anvers.

Cependant l'armée d'Afrique travaillait à étendre et à assurer la conquête de l'Algérie; elle occupa successivement Mostaganem Oran, Bougie, Mascara, etc.; mais son plus haut fait d'armes fut la prise de Constantine. Dès lors on s'occupait activement de coloniser le pays conquis; on bâtit Philippeville, on releva les ruines des autres cités; le pape Grégoire XVI créa un évêché à Alger. Un peu plus tard, cent vingt-trois Français s'immortalisèrent à la journée de Mazagran, en résistant à douze mille Arabes.

Les années 1834 et 1839 virent éclater des mouvements insurrectionnels qui furent immédiatement comprimés.

Par suite d'une loi votée en 1840, on entreprit autour de Paris d'immenses travaux de fortification : la capitale fut entourée d'un mur bastionné, formant une ceinture de trente-neuf kilomètres. Treize forts furent construits aux environs.

L'année 1840 rappelle encore les dégâts causés par les débordements de la Saône et du Rhône.

L'année 1842 vit de tristes événements : le 5 mai, incendie qui détruisit la moitié de Hambourg; le 7, tremblement de terre à l'île d'Haïti; le 8, catastrophe du chemin de fer de Paris à Versailles, rive gauche ; le 13 juillet, mort tragique du duc d'Orléans, fils aîné du roi.

L'année suivante, 1843, vit encore un tremblement de terre à la Guadeloupe.

Le 1er juin 1846, Grégoire XVI étant mort, il fut remplacé, le 16 du même mois, par Pie IX, dont l'avénement fut salué par les acclamations de tous les peuples.

Cette même année, la Loire désola ses rives par un immense débordement.

Une grande cherté des vivres de première nécessité signale l'année 1847; mais elle se termine par une abondance non moins remarquable. La conquête de l'Algérie s'acheva, et Abd-el-Kader tombe entre les mains des Français.

L'année 1848 sera à jamais mémorable par les graves événements qui s'accomplissent en Europe.

Les 22, 23 et 24 février sont témoins, en France, d'une *révolution* par suite de laquelle Louis-Philippe abdique en faveur de son petit-fils, le comte de Paris, sous la *régence* de la duchesse d'Orléans ; et il se retire à Claremont, en Angleterre. Cependant la régence n'est point acceptée ; la *République* est proclamée, et un *Gouvernement provisoire*, composé de onze membres, régit l'Etat jusqu'au 5 mai, époque à laquelle il remet ses pouvoirs à l'*Assemblée nationale*, dont les neuf cents membres ont été élus par le *suffrage universel*.

Le 10 mai, le *pouvoir exécutif* est confié à une *commission* de cinq membres.

Le 15, la chambre est un moment troublée par une manifestation populaire, mais elle reprend de suite le cours de ses séances.

Le 24 juin, une nouvelle insurrection éclate ; Paris est mis en *état de siége ;* la chambre se déclare en *permanence*, et confie le pouvoir au général Cavaignac. Cet événement fait un grand nombre de victimes, parmi lesquelles on doit citer les généraux Bréa, Négrier, Duvivier, etc. Monseigneur Affre, archevêque de Paris, est frappé d'une balle au moment où il fait entendre aux combattants des paroles de paix ; il succombe quelques jours après. Le 28 juin, le général Cavaignac, investi d'abord d'un pouvoir dictatorial, est nommé *chef du pouvoir exécutif* et *président du conseil des ministres*. L'état de siége de la ville de Paris est levé le 19 octobre.

FIN

www.ingramcontent.com/pod-product-compliance
Lightning Source LLC
Chambersburg PA
CBHW070532100426
42743CB00010B/2051